二宮金次郎、山田方谷、本多静六の人生設計と実践

はじめに

コロナウイルスが、二〇一九年十二月中国・武漢市で発生。翌二〇年一月十六日、日本で初めてのコロナ感染が確認されました。その後は、世界各国そして日本で感染が拡大していきました。そんな中、その感染防止対策は、人との間隔を二メートル以上、マスクの着用、手洗いをすることとされ、仕事を含め、人々の生活が大きく変わっていきました。

コロナ禍の恐ろしさもよく分からないまま、仕事も外出も控えざるを得なくなり、出来ることが段々と少なくなっていきました。

当初一年間辛抱すれば何とかなるかなと思っていました、翌二〇二一年になっても、コロナは治まるどころか、拡大していきました。

個人をはじめ各家庭、企業等々が苦しい大変な時期を経験していきます。例えば、飲食業界は大きな痛手を受けながらも、「テイクアウト」を始めたり、また各企業では、職種を変更したり、組織を見直したり様々な知恵を出して、厳しいながらもこの難局を乗り越えていかれています。

そんな中、自分自身はと言うと…。

「今自分できることは何」「しなければならないことは何?」自問自答。

今まさに、『人生の再構築』ではないでしょうか？

そこで、FPとして、また、人生設計つくりの中で最も尊敬し、最重要な人物と思い続けている「二宮金次郎」。その金次郎のことをあらためて学んでみよう！　と思い立ち、「報徳記」（弟子の富田高慶の原著で、佐々井典比古訳注）を何度も何度も読み返すことにしました。

一言でいえば「実践」です。

そんなことを思っていると、素晴らしい「実践」をした、二宮金次郎と山田方谷と本多静六博士を本にして、「金次郎の人として、生き方、仕事や人との接し方等々について、二宮金次郎を一番わかってもらえるのは、本の中の「相馬藩の復興」ではないかと思い至りました。

「人生設計」と「実践」を皆さんに伝えたい！

新型コロナウイルスと〝共に生きる〟ことを前提に、私たちの暮らしのかたちそのものを、変えていこうという「ｗｉｔｈコロナ」の新しい社会へ、計画を立て、実践なくして、人生の再構築はあり得ません。

目次

第一章　二宮金次郎

一　金次郎ってどんな人

一七八七年（天明七年）

七月二十三日に金次郎は二宮家の長男として生まれました。
十一代徳川家斉が将軍となったのと同じ年です。
相模国足柄上郡栢山村（現在の神奈川県小田原市栢山）です。
お正月の大学箱根駅伝で酒匂川という地名が出てきます。その上流です。
祖父の働きで、二宮家は裕福でありました。

一七九〇年（寛政二年）

弟友吉生まれる

一七九一年（寛政三年）

酒匂川の決壊で田畑が大半を流出

一七九九年（寛政一一年）

弟富次郎生まれる。

決壊した酒匂川に、松苗二百本を買い植える

一八〇〇年（寛政一二年）

十四歳の時に父は亡くなりました。その為さらに困窮となりお正月の準備もままなりませんでした。

一八〇二年（享和二年）

父が亡くなって二年後、母よしも亡くなってしまいました。

両親を亡くした金次郎は、二人の弟とは離れ離れになり一家離散しました。

金次郎十六歳の時でした。

金次郎は伯父の万兵衛方に寄食することになりました。

一八〇三年（享和三年）

朝から晩まで働き通し。もともと勉強が好きだった金次郎は、家人が寝静まってから毎晩勉強を始めました。すると万兵衛に見つかり、「百姓に学問は必要ない」と言われました。それでもあきらめきれない金次郎は、菜種を自分で植えて、それを油屋で燈油に変えて灯にします。「これなら伯父さんから何も言われない」と思ってまた勉強を始めます。それでも伯父さんは許してくれませんでした。

捨てられた苗の一束を植えて、米一俵を収穫。「積小為大」の理を発見

一八〇六年（文化三年）

その後、岡部伊助方、二宮七左衛門方に寄食しながら、ついに自宅を買い戻しました。

一八〇七年（文化四年）

弟富次郎死亡

一八一六年（文化一三年）

弟友吉は二宮三郎左衛門の養子となる

一八一七年（文化一四年）

二月二十八日中島きの　と結婚

一八一八年（文化一五年）

小田原藩家老服部家の財政再建を引き受ける

一八一九年（文政二年）

一月長男徳太郎生まれましたが、二月死亡

三月妻きの　と離別

一八二〇年（文政三年）

四月二日岡田波子と結婚

斗桝の改良で賞せられる

一八二一年（文政四年）

桜町領（現真岡市）の調査を命じられる

嫡男弥太郎誕生

一八二三年（文政六年）

桜町領の復興を命じられる

五月　田畑、家財など売り払い、一家をあげて桜町に移転

一八二四年（文政七年）

長女文子誕生

一八二九年（文政一二年）

小田原藩上役の妨害を受け、成田山に籠り断食をする

一八三一年（天保二年）

桜町領の第一期仕法終わる

藩主大久保忠真公より「以徳報徳」の賛辞を受ける

一八三三年（天保四年）

茄子を食べて凶作を予知。天保の大飢饉の始まり

一八三九年（天保十年）

金次郎の高弟の一人となる富田高慶が入門

一八四二年（天保一三年）

十月幕臣に登用される。百姓の身からすると大出世

一八四五年（弘化二年）

相馬藩中村領の仕法開始

一八五二年（嘉永五年）

弥太郎結婚、文子は富田高慶と結婚する

一八五六年（安政三年）
御普請役に昇進
十月二十日没す（七〇歳）

二 財政再建の基となった考え方

金次郎は生涯に六〇〇〇余の各藩、各村々の財政再建を行ないました。その始まりは、小田原藩家老服部家での財政再建です。

服部家の財政再建を見て藩主大久保忠真は、小田原藩の財政再建を金次郎にと考えましたが、家臣から反対にあいます。

そこで、分家である宇津家の桜町領の財政再建をやらせることにしました。

桜町領の第一期仕法が終了したころから、青木村、茂木藩、烏山等々から仕法の声がかかってきます。

金次郎は藩主より賛辞を受けた「以徳報徳」を報徳思想と考え、この考えを実践するのが「報徳仕法」です。

金次郎は「わが道はもっぱら至誠と実行にある」というのが基本の考え方です。また「およそ世の中は、知恵があっても学があっても、至誠と実行とでなければことはならぬものと知るべきだ」とも言っています。

そしてその「報徳思想」とは、「至誠」を基本とし、「勤労」「分度」「推譲」を実行するという考え方です。

●**至誠**…この上なく誠実なこと、まごころ

●**勤労**…物事をよく観察・認識して、社会の役に立つ成果を考えながら働くこと

●**分度**…「分限度合」といい、経済面での自分の置かれた状況や立場をわきまえ、それぞれにふさわしい生活をすることが大切。また、収入に応じた一定基準（分度）を決めて、その範囲内で生活をすることが必要

●**推譲**…将来に向けて、生活の中で余ったお金を家族や子孫に貯めておくこと（自譲）。また、他人や社会のために譲ること（他譲）。

三 相馬藩の復興事業

（一）相馬藩の衰退

相馬藩（現福島県相馬市）は、藩主の名前で相馬藩、あるいは地域の名前で中村藩と呼ばれています。相馬中村藩は他の中村藩と区別するために呼ばれているとも言われています。

禄高は六万石、村数は二百二十六箇村と、江戸時代、元禄～正徳（一六八八～一七一五）にかけては、田畑が広がり、人民はすこぶる豊かな暮らしぶりでありました。

そんな中、元禄時に、藩士たちは「今の領内は、田畑の面積が広く農民に利益が多い。いま正確な検地をすれば、藩は潤うのでは」と考え、領内を計測すると、なんと三万八千石の田畑を見出しました。実質、九万八千石となり、最大十七万俵にも及びました。藩士たちは多額の俸禄を得ることになりました。

一方、田畑のゆとりを減らされた農民たちは、たちまち収入が減少し困窮に陥り、戸数は減少し、天明年間（一七八一～一七八七）に至っては大いに衰弱した。

藩士たちも有頂天になりすぎました。

さらには、天明四年・七年（一七八四・一七八七）の大恐慌が追い打ちをかけます。十一代藩主相馬益嗣はこれを救おうとしますが、米や金がなく救うことはできません。農民の飢渇や死亡、離散はおびただしく、田畑は荒れ、収入は三分の二も減少しました。

そのため、米や金を近隣又は江戸の豪商等から不足を補いますが、文化年間に至っては、藩の借金が三十万両となり、藩士に渡す俸禄もなく、藩は借金の利息さえ払うことができません。

そこで藩主相馬益嗣が復興の対策を指示します。

郡代の草野正辰と池田胤直は「主君が国中の驕奢を戒め、節倹を行ない、一万石の諸侯なみに収支の本源を定めれば、十年にしておおよそ艱難を除くことができるでありましょう」と進言しました。

藩主は「そちどもの言う通り。余も自ら艱難に安んじ、もし改革の命に従わぬ者があれば、世がこれを押さえるであろう」と命じました。

そこで、藩主の経費を減じ一般の扶持を減額し、辛うじて命をつなぐだけの限度とした。

藩主は、草野正辰と池田胤直の忠義を察し家老に抜擢し、国政を任じられました

国政改革については、

・税収の六分の一を省いてこれによって
　　領民を大切に育てる

堤を築いて用水をたたえ、用水路の修復や新たに用水路をつくる
他領の流民を招き入れ家を与え、農具や米や麦を与えて開墾させる
十年から二十年の期限で税を免除する

等々の施策により、荒地の開墾は幾千町歩、新しい民戸二千件に及んだ。三十万両という負債の償還にもめどがついた。これは両家老の働きによるものでありました。

十数年で素晴らしい回復を見せたのですが、、天保四年（一八三三）と天保七年（一八三六）の大飢饉は天明年間の恐慌と同じさらにそれ以上の有様となる。領民は食べるものがない状況となりました。

天保四年は、積年の艱難の中から積みたてた貯蓄を放出し、一人の飢渇も無いようにさせた。

そして天保六年（一八三五）、藩主は十二代相馬充胤へ。

天保七年は、再びの大恐慌で、貯蓄米はすでに空となり、藩主は飲食を省き器物や樹木や領中の良材を売り払い、これで他国の米を買って撫育した。全国に流民・餓死者が数えきれないほどであったが、中村の領民だけがこの大恐慌を免れたのは、藩主と両家老の働きによるものでした。とはいえ、厳しい財政状況にさらに追い込まれたのです。

天保十年（一八三九）になり、金次郎の報徳仕法について、富田高慶という後に金次郎の高弟の一人から、両家老に告げられました。

両家老は「この人について国家再興の道を求めたならば、成功は間違いない」と主君に報告。主君はこれを聞いて大いに優れたものと感じ入り、その良法を得るよう両家老に命ぜられた。

使者、金次郎のもとへ

天保十二年（一八四一）十月、相馬中村藩は、郡代一条七郎衛門に村の状況を記し、再興の方法を尋ねるべく、桜町陣屋にいる金次郎を訪ねました。

金次郎は忙しいため会うことができないと断りました。一条氏は再三面会を求めましたが、会う機会がありません。一条は「君命を受けてここに来た。もしこのまま帰国したならば、殿や家老の意思を通ずることができません」「一方、先生（金次郎）の事業を妨げることもできない」「どうか一日だけ面会を許していただきたい。そうすればすぐに国に帰ります」と面会をお願いする。門人はこれを金次郎に伝えました。金次郎は、

「いま相馬領中の衰廃を興し、万民を撫育しようと思うならば、過去数十年間の貢税を調べ、分度を立て、その分度を守って永年節倹をつくし、いかほど租税が倍増してもその分外の米は用

いず、これを別途のものとして国民撫育の経費と定めるべきである。この本源が確立したならば、初めて一村を興しかえし、また次の村々に及ぼすことができる。これがわが仕法の根本である」

「分度が明確でありさえすれば、再興する道は容易に行われる。再興の道は二つあるわけでなく、幾百箇村でもその道は同一であるから、これを推し広めて領中を再興するがよい。」

一条氏はこれを聞いて相馬へ帰りました。

江戸家老草野正辰は、金次郎に面会

金次郎は、天保十三年（一八四二）幕府に登用されます。金次郎が江戸にいることを知った相馬藩江戸家老草野正辰は、金次郎に面会を何度も求めます。ようやく面会が許されたのは、八月四日でした。

草野家老：「かねてよりお教えを受けたいと望んでいました。文化年中（一八〇四―一八一七）に大いなる節倹を行ない禄高六万石の藩の費用を一万石程度に減じて、再興を図って参りましたが、以来三十年も力を尽くしておりますが、思うように参りません。二宮先生のお教えを得て再興の志願を達することができましたならばこれに勝るものはありません」と。

金次郎：「およそ国家の政治のあり方は、「取る」と「施す」の二つにとどまるのです。ところが一般に、国の盛衰の原因がここにあることを知りません。これではこの衰廃を興しうるわけがないのです。なぜならば、「取る」ことを先にすれば、国は衰え民は困窮して時には国家の滅亡という結果となります。これに反して、「施す」ことを先にする時は、国は盛んに、民は豊かになって、国家は百代経っても平穏であります。いま相馬のまつりごとは、施すことを先にしていますか？　取ることを先にしていますか？　いやしくも取ることを先にしていたならば、決して再復の時がくるわけはありません。」

草野家老：「まつりごとを行なうのにこの本源を失わなければ、大丈夫と分かりました。ところで、領中数千町歩の荒地を開くには、どうすればよろしいでしょうか」

金次郎：「細かいことが積もって大きくなり、微小なものが積んで広大に至るのが、自然の道であります。例えば天下の耕作地のようなものです。幾百万町歩あっても、春は耕し、秋は刈り取って、一畝も残らないのはどういうわけでしょうか。ほかでもなく、一鍬一鍬重ねて耕し、一鎌一鎌重ねて刈り取り、怠らないことだけのことです。荒地でも同じことで、一鍬ずつを積んで怠らなければ、何万町歩の荒地でも、起し返すことは決して困難ではありません。荒地を開くには荒地の力による、これが開田の道です」

草野家老：「荒地の力で荒地を起こすとはどういうことでございますか」
金次郎：「それは、一反歩の荒地を開いて、その実りを来年の開田料とし、年々このようにしていけば、資金を別に費さずに、何万町歩の荒地でも開き尽くすことができるのです」

草野家老は大いに感激し、直ちに藩主へ報告をした。

「この度、金次郎に面会を得てその教えを示すところを聞きました。まことに傑出の人物であり、凡人のうかがい知る限りではありません。いまわが君が礼を厚くして、国家再興の事業をご依頼になりましたならば、成功は間違いないと存じます。まことに先君以来苦労をお尽くしになった至誠が天に通じたものと申せましょう。わが君にはこれをご配慮あらせられますよう」

藩主は「余は家を継いで以来、父君の志を遂げ、国幣を改め、百姓の艱苦を除いて昔の盛時に戻そうとするほか余念がない。そちの言う通りならば得難い人であろう。速やかに余の命令として国元の家来どもに達し、この事業を開始せよ。万事はそちに任せるであろう。よく勉めてくれよ」と命じられた。


早速、金次郎の事業解説などを書き写し、国元の池田家老に送った。

江戸在勤の家臣に対しては、金次郎の人となりを説きました。ところが家臣はこれを聞いてひそかにあざける者もあった。さらに懇切丁寧に家臣に説き示した。聞く者十数度に及んで、次第に信ずるようになってきた。

群臣たちは、「たとえ金次郎の力がすばらしくても、わがお家は六百余年、その間盛衰はあったが、主君・家老以下の尽力によって難局をしのいできた。」

「業績について調べてみると疑わしきことが三つある。まず、今の世に当たって聖人があると言っても、そのような聖人がいるであろうか。二つ目は、他国を復興するとき、最初に種金と言って財を送って事を始めると言う。取ろうと思えばまず与えるということではないのか。三つ目は、およそ困窮した国は、後先を考える余裕がなく、目前の利益だけを考えて行動してしまう。どうして我が藩がこれを真似する必要があろう。いったんこれにまつりごとを任せて、成功しなければ天下の笑いものとなるであろう。」

「わが藩で努力を積んだならば、たとい成功は遅くても決して間違いではないであろう。草野家老は実直な人物であるが金次郎の巧みな弁舌に迷わされているのではないか。これは老齢のせいではないであろうか。ご家老はよく考慮せられたい」

池田家老：「各々方の疑いは一理はあるが、その人物を知らずその事業を直接見ないために、疑惑の度が過ぎたという過ちがないとは言えない。小田原藩主の大久保忠真公が、金次郎を農民の間から選抜し、これに野州（桜町領）の復興事業を委任し、完全に奏功するのを待って小田原十一万石余のまつりごとを任じようとしたのである。その目的は果たさなかったけれど、野州の功業は隣国に及んでいる。」

「金次郎に藩の再興を依頼するのに、どうして国の恥辱とすることがあろう。試みに一、二箇村をお願いして、結果がどのようなものか見るに越したことはない。速やかに君命に従って仕法を依頼するに越したことはない」と群臣に言った。

群臣：「両家老が是非このことを始めようとされるならば、我々の力では止めることはできない。しいて金次郎を用いようとされるならば、我々を退けて、他の者に役を命じ、行なわれるがよろしかろう。我々の知ったことではない」

池田家老：「各々方とは藩を憂えること三十年、いま良法を得て行なおうとするのも、藩の安泰を願えばこそである。各々方を罷免して復興事業をしようとは想っていない。まず各々方の意見を草野家老に伝えよう」と言って、この事情を書いて江戸に送った。

池田家老は数日役所に出て説明を尽くしたが疑惑は解けなかった。

草野家老は：「しかし池田家老が諸臣の理解を待って事を行なおうとしているのは、万全の道ではあるけれども、これを待っていては、きっと機会を失うだろう。この際凡庸な物の疑惑が解けるのを待っていては、いわゆる『日暮れて途遠し』のたとえ同様になるであろう。早く政教の指揮を二宮先生に依頼するに越したことはない」と考え、再び池田家老に送った。

文面は「藩の大業をなすにあたって衆人の意見に従ったならば、決してこれを遂げることはできない。なぜならば、凡人の見るところは千里の遠きには及ばないからである、疑念があるからとて、退官しても同意はしないと言うのは、藩の繁栄を阻止するものではないか。藩の中興を阻むならば、たとえ長年の忠勤があっても今はこれを不忠の臣と言わねばならない。不忠のものを退けて賢者を用いなければ、どうして六十年（天明の凶作から約六十年）の衰国を興すことができよう。国元の諸臣の進退は殿から前もって池田家老に任されておる。速やかに処分を決め、藩の復興方針を決めることが急務である。国家再復の道は群臣にあるのではなく、池田家老の一心にある。」

草野家老はしばしば金次郎の下に行き復興への道を訊ねた。金次郎は多くの人と面会せず、容易に交わりを許されなかったので、勘定奉行以下を従者として連れていき、別室に控させ、金次郎の話を聞かせた。これにより、江戸在勤の者のうちには感動するものが多くなった。

手紙が届いた池田家老は、大いに喜び家臣に「草野家老から返事が来た。各方はこれを一見してから再び意見を述べられよ」「いま殿ははまさに金次郎の道を行なおうとし、草野家老はそのためにこれほどまでに力を尽くしている。拙者ももとより同意である。藩の再復は大業であって、到底一人や二人の力では及ばず、全員が心力を合わせるのでなければ成就できない。各々方は意見があれば遠慮なく申されよ」

家臣たちは、再び反対であると論じて、決定しなかった。

江戸藩邸では

藩主：「およそ目の前のことでさえ、凡人はなお疑惑を生ずるのが常である。いま百里を隔てて金次郎の道理を聞いても、どうして理解することができよう。国政はもとよりそちと池田とに任せてある。速やかに池田を呼んで二宮に面会させ、それからことを決せよ」と草野家老に命じた。

池田家老は数日中に中村を出発して江戸に到着した。

藩主：「わが国の再興を二宮にゆだねようと思う。そちは草野とともに力を尽くし、このことを成就せよ」と命じる。

池田家老は謹んで命を受け、これから両家老同心協力して、先生の良法を聞き君意を安んじようと、心を尽くしたという。

池田胤直、先生に面会して治国の道を問う

天保十三年（一八四二）十一月、家老、池田胤直は金次郎に面会を願った。しかし「暇がない」と断られる。その後もしばしば来ては面会をお願いした。十二月十二日草野家老と一緒の時に初めて金次郎に面会できた。

池田家老：「藩は多年にわたって復興すべくやってまいりました。費用がかかるばかりです。なぜならば、財源には限り、窮民は限りがなく、荒地もまだ限りがありません。『限りある財源』によって『限りないもの』に応ずる。これが力を尽くしても成功できぬ理由であります。先生の仕法をお教えいただければ…」

金次郎：「再復の時期を得ることができないのは、国の分度が確立していないからです。分度を立ててこれを守るならば、財貨を生ずること限りなく、国民はその恩恵を受け、荒地も開発され、必ず復旧するであること疑いありません。」

「あなたの言葉とは違って、貧民にも限りがあり、荒地にも限りがあり、財源に至っては限りがないのです。なぜならば、人民には必ず限りがあり、荒地もまた必ず限りがあります。ひとり財源に至っては、分度を守り、その度を失わないならば、毎年分外の余財を生じ、大いに国民を恵んでも余りが尽きることがないはずです。」

「藩の分度を確立するために、藩の租税を調べて、十年ないし二十年ほど平均します。その平均の額が分度です。この分度によって支出を制限すれば、分度外の米が増加します。これを分内に入れないで再復の財源とし使っていけば、藩の再興は間違いありません。」

両家老はおおいに感動して：「甚だ困難と考えていたことが、今はすこぶる容易のように思われます」といって桜町を辞した。

江戸藩邸に帰り、藩主に報告すると。藩主はおおいに喜んだ。藩の再興を依頼する直書を金次郎宛に書いた。そして両家老は直書を金次郎に差し出した。

金次郎：「このように主君は仁、臣下は忠である。国の再興は間違いない」と嘆賞した。その後両家老はしばしば来て金次郎の教えを受けました。

相馬家の分度を確立する

弘化元年（一八四四）某月、池田家老は再び江戸に出て、良法を開始しようと計り、しばしば金次郎のもとに至って道を問うた。

この年、金次郎は幕府より日光神領開発のための雛形作成の命を受けていた。そのため暇がありませんでした。

藩では、明暦二年（一六五六）から弘化元年（一八四四）までの百八十九年間の税を調べることが出来た。両家老はこれを持って国の本源を立てることをお願いした。

金次郎：「衰えた国は往々帳簿をつけることを怠り、わずか二〜三十年の租税の額も明白でないものが多い。しかるに相馬が百八十年もの税を調べることができるのは、さすが由緒の古い国柄だけのことはある。これによって分限を求めたならば、必ずや分度が得られるであろう」

ようやく動き出し、金次郎は数箇月考えた末、それが出来上がった。その概要は

（一）六十年ずつ三周度に区分するとき

第一期（盛時）　十四万七十九俵余

第二期（中間）　一一万八千六十四俵余

第三期（衰時）　六万三千七百九十三俵余

（二）上下二段に区分するとき

上期（陽時）　一三万八千二百七十七俵余

下期（陰時）　七万六千三百四十七俵余

（三）総平均　一〇万七千三百十二俵余

（四）最近十箇年平均　五万七千二百五俵余

金次郎、熟慮の上、

〔(二) 下期(陰時) ＋最近十箇年平均〕 ÷ 二＝六万六千七百七十六俵余

これを今後十年の分度と決定しました。

以後六十年を経て全く旧復するものとし、その間十年ごとに一区切りをして分度改正を算定。分度外に生じた余財を持って復興の費用にあて、あまねく領中を旧復する道を明らかにした。この復興計画書は全部で三巻からなります。

両家老は大いに喜び、そして藩主に差し出す

藩主：「二宮の知慮は深遠広大というべきである。国家再興の道はこの三巻に完備している。これをもってするならば、藩の再興すること間違いない」

池田家老は君命を受けて早速中村に帰り、群臣にこの三巻を示した上、国家興復の道を説明した。これまで反対していた家臣の疑惑は初めて消え去った。

池田家老：「先生が次のように言われたことがある。『およそ事を成そうとして成就しないのは、速くしようと思い、一挙にその仕事をし遂げようとするからである。幾百万町歩の荒地を開こうとするにも一鍬から始め、何百箇村を再復するにも、必ずまず一箇村から始める。一つの村が全く完成してから第二の村に及び、順を追って十、百、千、万に至るのである。それゆえ領中からまず一箇村を選んで再興するがよい』と。各々方、領中のどの村から始めるかを選んで江戸に申し送ることにしよう」

討議の上、「草野村（飯館村草野）から始めることにしよう。」と言うことになった。その理由は、夏も気温が上がらず、冬はもっと寒いところであり、なかなか穀物が実らず、そのため大変貧しい村であったからである。

この意見を江戸に送り、草野村に仕法を開始することを先生にお願いした。。

金次郎：「貧しい村を第一号にして村を救うためにするのではない。領中で最もすぐれた、模範とすべき村を選んで第一に仕法を行ない、藩内の他の村々に大きな影響を与えるような、そんな村を選ぶべきである。私の考えとは違うことはしない」と断った。

草野家老はこの言葉を聞いて愕然とし、領内の中央にある善村を選んで再び先生に懇願しようと国元に送った。

役人たちは、大井・塚原の二村（相馬郡小高町）にすることを求めた。

池田家老は、この二村を発業することを請うた。

金次郎は承諾したが着手せずに歳月を送った。

家老はその後もしばしば訪れてお願いするが、「公務で暇がない」と断った。

金次郎は、「藩の者は、復興のための模範村という意味が分かっていない」と感じ、着手を見合わせるのである。

成田・坪田両村に良法を開始する

弘化二年（一八四五）、池田家老は中村にいて、「草野村を第一号にお願いしたが、聞き入れてもらえなかった。さらに大井・塚原両村についてお願いしたがこれもまた応じてもらえなかった。これはほかでもない、良法を求める誠意がまだ足らないためである。」と考えて、そこで代官以下に説明をするのだが…

ところが代官助役の高野丹吾は、以前から宇多郡成田・坪田両村（ともに相馬市内）の再復を命じられていたが、貧村であり、自身の力ではなかなか及ばなかった。そこへ家老の教示を聞いて大いに感銘し、この良法を始めたいと計り両村民にこの方法を示し、いまこの道によらなければ復興の道はないと、力を尽くして説得した。しかし請願の誠意が立たなければ、聞き届けられるはずがないと、高野は所有の籾五十俵を出して復興の資財とし、両村の有志、他村の名主に至るまでそれぞれに応じて米や金を出し、誠意を表した。両村の戸数・人口・田畑の高・荒地の反別・民家の貧富を調べ、仕法嘆願の書面と共に池田家老に提出した。

家老は大いに喜び、「高野自身で先生のもとに行って嘆願せよ」と命じた。高野は直ちに江戸に上り、草野家老にその次第を述べた。草野家老もこれを賞賛し、弘化二年八月十三日ともに先生のもとに至って実情を述べ、両村の書類を出してお願いした。

金次郎：「成田村、坪田村の誠意に応えて、両村から始めよう」と言った。

草野家老は大いに喜んだ。高野は初めて先生に面会し、両村の事情を報告した。すると先生から一村再復の道について教えがあり、いよいよ感激し、誓ってこの道を行ない志を遂げようと決心した。

金次郎は、まずは成田村の事業計画書を作成。高野は数箇月滞在し仕法を学んだ。さらに坪田村の事業計画書を作成する。

弘化二年十一月に至り、金次郎は高野に懇切丁寧な指示を下し、門人・富田高慶を添えて帰国した。そこで二人は両村に仕法を下した。それは

貧村再興の道を教え
善人を賞し困窮民を救助し、
家・小屋を与え、
道を築き橋をかけ、
用水を便利にし、
荒地を開き、
村民の苦痛を去り、安らかに生活できるようにした

村民は潤いを得て大いに感動し、今までの生活態度を改め、縄をない薪をきり、朝は鶏鳴に起き、夜は深更になってから寝て、家業に励んだ。

一方、復興事業が先に上がっていた大井村、塚原村の住民は「我々の村も早く復興事業を開始してほしい。あちらが先になったのは誠意を見せたから先になったという。それなら我々の村も早く誠意をあらわすに越したことはない」と言い合って、各々分に応じて米や金を差し出し、再三事業開始をお願いした。

翌弘化四年（一八四七）春、大井村、塚原村の熱意に対し、金次郎は両村に事業開始することを決定した。人民は大いに喜び、生活態度も一変し、一所懸命働くようになった。

群臣はようやく今までの疑惑が解消し、国家再興の道はこれであると喜びし、以前の疑惑を悔いたという。

水の自然

相馬藩の復興事業は、成田村、坪田村そして、大井村、塚原村と始まると、村人の苦痛は除かれていきました。近所の村々からは、その仕法を早く始めてほしいと望み、米や金を積み立ててお願いした。

池田家老はこの事情を金次郎に説明し仕法開始をお願いした。。

金次郎：「速くしようと焦って一時に多くの村に手をだせば、行き届かないため、廃止せざるを得ないことにもなりかねない。仕法を行なっている村人一人も困苦するものがなくなったならば、その村は初めて仕法が成就したと言ってよい。それからのち他の村に推し及ぼすべきである。」

「およそ水は必ず低い方に流れ、穴が満ちてから次に進んでゆく。低いところが一杯にならぬうちにその先に流れる道理はない。これが水の自然である。それゆえ、一村がまったく復旧に至ったから二番目に移り、二番目の村が完全に富んでから第三の村に及ぶべきであって、何百何千の村でも順路はこの通りである。たとい百里千里の道を急いで行こうと思っても、一歩から始めるより外に仕方ないのと同様である。どれほど速く行こうと求めても、一歩に二歩を重ねることはできない。まして百歩を一歩でも走る法がある筈はない。幾万町歩の廃田を起こそうとするにも一鍬から手を下し、二鍬三鍬と順を追って進むのである。数十数百の村に同時にできることではない。容易に要求に応じてはならない。これがすなわち大業成就の道である」と、開始することを許さなかった。

両家老は、「村民に何度も諭したが、それでも何回も嘆願のやむ時がなかった。、貧民の張りつめた力が消えうせ、気抜けの憂いを生じはしないかと心配です」。と金次郎に仕法の開始をお願いした。

金次郎：「領中の民情がそれほど切になってきたのに久しく発業しないならば、誠意を失う憂いがないとは言えない」と言って、

弘化四年（一八四七）の春三月、赤木村、立谷村、高瀬村、村上村、深野村に仕法開始することに決定した。

相馬領の村々再復して美風みなぎる

成田村は仕法開始以来

・領民に気を遣い、善人を賞し不善人を教えて善に帰せしめ
・屋根をふいて雨露の憂いを除き
・新しい家を与えて安らかに居住させ
・厩・灰小屋を作り、農馬を与えて耕作の労を補い
・米穀や農機具を与えて本業を励ます
・貧しさから借金の返済ができないので、無利息金を貸与し、借財を返済させた等々を行ない、弘化五年（一八四八）に至り、わずか四年で荒地はことごとく開け、回復した。このようなことで、村民は大いに感激して生活態度を改め、一生懸命に農事に励

んだ。

村民：「どこの家も、もはや心配難儀を免れました。どうかこの良法を他村にお移し下さい」と願い出て、北郷（鹿島町周辺）の横手村（同町、旧上真野村）に仕法を移した。

高瀬村は多年の衰退が最も甚だしく、農耕によって自給し他人の力を借りない者は村内にわずか三人から五人いるだけで、あとはことごとく借財によって極貧をしのぎ、男女とも賭博を常習とし、風俗は大いに荒れ、田畑は荒れ果て、どうにも手のつけようがないほどになっていた。ところが良法を施すことわずか三年で、旧弊を洗い、精農篤実の行ないに一変した。村民は、他村に仕法をお移しくださいとお願いした。

嘉永三年（一八五〇）三月、隣村牛渡・樋渡の両村（双葉郡浪江町の内）に仕法を移した。

高瀬村の村民は、報恩の志を発して、空地を選んで杉苗四万本を植えた。

その後領民はいよいよ仕法を慕って、争って業を励み、五十箇村に及んだ。安政三年（一八五六）で、仕法開始（弘化二年着手、同三年実施）以来すでに十年が過ぎた。この間旧復した村数は十五箇村、荒地を開くこと数千町歩、分度外の産米一万余俵、これによって毎年引き続き貧村を旧復した人民を撫育した。

金次郎：「国本を立てて恵民の道を行なうことすでに十年、よく約束を守られた。ここで十年一期の分度の改正を行なおう」

と言って、六六、七七六俵の分度を七万俵に増した。藩の経費や藩士の扶持に至当な割合でこれを分配し、以後十年間の分度を定めた。一藩の諸士は積年の困苦が緩められて君恩のかたじけなさを感じ、良法の良法たるゆえんをわきまえたのであった。

金次郎：「相馬から領村再復のことを依頼されたが、私は公務で暇がなかったため、一度もかの地に行って自ら指揮して仕法を行なうことができなかった。けれども、大筋を守って実行しただけでも、この通りの国益がある。もし私がひとたびかの地に臨んでいったならば、数年と経たぬうちに上下安泰の道を得たであろうことは疑いない。」

「三十余年の間、諸方の求めに応じて仕法を施したけれども、その時節をえなかったり、諸侯が往々道を守ることができなかったりして、中廃してしまった。ひとり相馬だけが初めの約束を守って、すでに十年も連綿と続けて実行し、すこぶる仕法の効験を得ている。ただ嘆くべきことは、非常な忠臣であった草野・池田両家老がすでにこの世を去り、仕法の成功を見られなかったことだけである」

「いま、相馬の国家再興の仕法は、実際の事業はまだ半ばに達していないけれども、筋道においてはすでに、七、八分に及んでいる。大業の成就・不成就は、天にあるのでもなく地にあるのでもなく、ただ国君と執政との一心にある。昔から明君賢臣がともに出た時は、国家は富み豊かで百姓の生業を楽しんだ。けれどもそれはじつに千年の内の一時であって、百姓は常に困苦してきたのである。しかるに今、中村領では、君は仁心があり、臣は忠義を旨としている。その上に万民安撫の仁政が行われている。相馬開国以来六百余年に及んで、初めて国民はこの恵沢を被ることが出来た。じつに千載の一時ではないか。私心を除き、真心を専一として、ますます永安の道を行ったならば、どうして成功しないことがあろうか」

安政二年（一八五五）に第一期が終了し、分度を増額した安政三年（一八五六）から第二期の仕法が開始されました。そして慶応二年（一八六六）に終了。その後第三期が始まりましたが、明治維新となり政府は中止という方針で、やむなく途中で中止となってしまいました。第一期と第二期で百二箇村が実施され、全体の四十五パーセントが実施されたことになります。

総括　相馬藩復興事業はなぜ成功したか

・二代にわたる藩主

領民を思いやる政治と決断力、リーダーシップ

・草野正辰江戸家老と池田胤直国許家老
相馬藩の財政危機を強く意識、藩主へ直言

・藩士、領民、
藩士は仕法には反対だったが徐々に理解し、藩主や家老と共に耐え忍んできた
善行者を褒め、困窮者を恵み助ける
日々変化していく村に涙を流し、感謝し、働くことの喜びを感じた

・金次郎と富田高慶
金次郎の財政再建で唯一直接指導せずに行なったところが相馬藩
富田高慶という片腕をはじめ門弟の領民に対する指導育成

（この項、「補注　報徳記（上）（下）富田高慶　原著／佐々井典比古　訳注　報徳博物館　発行」より転載）

四　FP長谷尾の眼 ～なぜ金次郎なのか～

ここまでで金次郎のすべて知ることはできません。他にも数多くの思想や格言や実践があります。

相馬藩の復興については、数多くの書籍の中ではあまり詳しくは書かれていません。でも相馬藩の復興が、金次郎の考え方やリーダーとしての行動などについて、手に取るようにわかります。また実際に現地に足を踏み入れることなく、復興をなしえたところがすごいと感じます。

自分の人生や会社経営について、相馬藩の復興を参考にして頂ければ、必ずや素晴らしい結果をもたらし、素晴らしい人生となると信じています。

あと少し金次郎について補足させてください。

（一）入るを量りて出ずるを制す

二〇一〇年二月一日、日本航空の新会長に就任した稲盛和夫さんの記者会見で、「入るを量って出ずるを制す」との経営姿勢を示しました。そもそもは四書五経の中の礼記に書かれていることですが、それよりも金次郎の言葉としてよく知られています。

金次郎の人生で、また財政再建で一番伝えたかった言葉はこの言葉だと思っています。人は誰でもいい暮らしがしたい、美味しいものを食べたい、見栄も張りたいと思いがちですが、まずはそういった生活ができるだけの収入を得ることが先決です。そしてその範囲内で生活をすることが大事と、金次郎は言っています。

通常、「貧と富」の違いは、お金があるか無いかで考えますが、金次郎の「貧と富」は違います。二宮翁夜話の中に、『貧者は昨日のために今日勤め、昨年のために今年勤める。それゆえ終身苦しんでもそのかいがない。富者は明日のために今日勤め、来年のために今年勤めるから、安楽自在で、することなすこと成就する』と書かれています。

そして「百円の身代の者が百円で暮らすときは、富の来ることもなく貧の来ることもない。百円の身代を八十円で暮らし、七十円で暮らすときは、富がそこに来、財がそこに集まる。百円の身代を百二十円で暮らし、百三十円で暮らすときは、貧がそこに来、財がそこを去る。ただ、分外に進むか、分内に退くかの違いだけである。」とも言っています。

（二）小を積んで大と為す

「積小為大《せきしょういだい》」。これも金次郎の言葉です。

「大きな事をしたいと思えば、小さな事を怠らず勤めるがよい。小が積もって大となるからだ。およそ小人の常として、大きな事を望んで小さな事を怠り、できにくいことに気をもんで、できやすいことを勤めない。それゆえ、ついに大きな事をし遂げられない。それは、大は小を積んで大となることを知らないからだ。」と二宮翁夜話の中でいっています。

例えば、

・百万石の米といっても、米粒が大きいわけではない。一粒一粒集まっての百万石。
・一万町歩の田を耕すのも、一鍬ずつ
・千里の道も一歩ずつ歩いて行きつく

言われなくても分かっていることです。

つまり、お金も一円一円が集まって大きな金額となり、将来の幸せ、安心感へとつながっていきます。

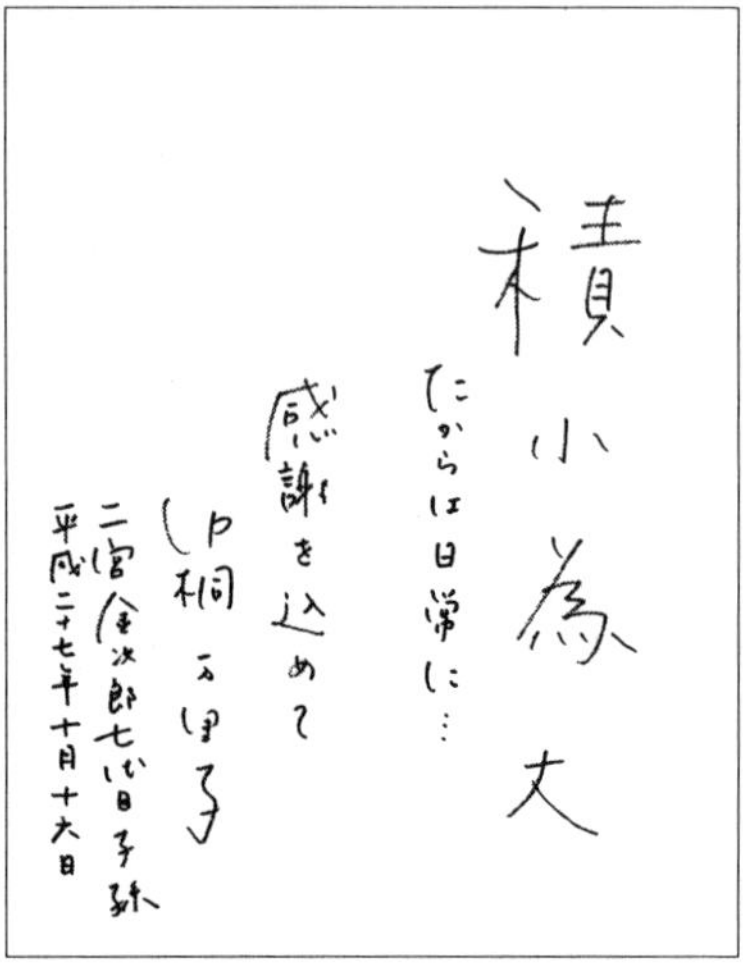
積小為大
たからは日常に…
感謝を込めて
中桐万里子
二宮金次郎七代目子孫
平成二十七年十月十六日

この色紙は、二宮金次郎七代目子孫、中桐万里子さんから頂いたものです。

（三）一円観（一円融合）

金次郎を学んで多くのことに感動を受けますが、この「一円観」は宇宙的規模での発想と感じます。

二宮翁夜話に「広い世界も、己といい、我という私物を一つの中に置いて見るというと、世界の道理はその己に隔てられて、見るところがみんな半分になってしまうのだ（半円観）。この己という私物を取捨てる工夫が肝心だ。世界にはもともと吉凶も禍福も苦楽も消滅もない（一円観）。」

一円観とは、善悪、強弱、苦楽、禍福、幸災など、世の中のありとあらゆる対立するものを、一つの円の中に入れて観て、相対的に把握する捉え方です。相手の意見を聞き、尊重すること。一人ひとりを生かせる場をつくりあげる仕組みができれば、まさに半円から一円となります。

この原稿を書いている今まさに、ロシアがウクライナに侵攻しています。そして日本をはじめ世界各国は、それぞれの立場で支援や非難を繰り返しています。これぞ「半円観」です。二十一世紀のこの世の中で、「一円観」でもって紛争を解決する人（者）はいないのでしょうか？

第二章　山田方谷

一　山田方谷ってどんな人

一八〇五年　一歳

二月二十一日、備中松山藩領の阿賀郡西方村（現、岡山県高梁市中井町西方）に生まれる。名は球、字は琳卿、通称は安五郎、幼名は阿璘。父は五郎吉、母は梶、西谷氏。

一八〇八年　四歳

額字を山田家の氏神様や作州木山神社を始めとし近くの神社に奉納する。

一八〇九年　五歳

親元を離れて、隣藩の新見藩儒丸川松隠の塾に学ぶ。

一八一〇年　六歳
新見藩主に召されて、字を坐前に揮う。

一八一三年　九歳
丸川塾にて神童と称せられ、客に「坊や何のために学問をするの？」との問いに「治国平天下」と答える

一八一五年　十一歳
初めて詩を賦す（「得家書」）

一八一八年　十四歳
八月二十七日、母の梶没す（四十歳）。継母（名は近、西谷氏）来る。

一八一九年　十五歳
七月四日、父の五郎吉没し、叔父の辰蔵に代わり、塾を辞して家業を継ぐ。（農業と油屋）

一八二一年　十七歳

新見藩士若原氏の娘進と結婚

一八二五年　二十一歳

篤学の名四方に広がり、藩主板倉勝職《いたくらかつつね》公から二人扶持を給され、藩校有終館で学ぶことを許される。

一八二七年　二十三歳

春、初めて京都に遊学して、寺島白鹿に朱子学を学ぶ。年末に帰国する。

一八二九年　二十五歳

三月二十三日、再び京都に上り寺島白鹿の門に学び、九月に帰国する。
十二月二十三日、藩主勝職より名字帯刀を許される。
二十八日、八人扶持を給せられ、中小姓格に上り、有終館会頭を命ぜらる。

一八三〇年　二十六歳

三月、丸川松隠に従い伊勢神宮の詣で、四月に帰国する。

六月、邸宅を城下本丁に賜る。

十二月、有終館会頭を辞する。

一八三一年　二十七歳

二月十日、本丁の邸宅を焼失する。生涯の師・丸川松隠没す。

七月、二年間の許しを得て、三度目の京都に上り、寺島白鹿の門に入る。

一八三三年　二十九歳

朱子学を深めるに従い陽明学にめざめる。

朱子学の寺島白鹿との対立と和解。

一八三四年　三十歳

正月、昌平黌塾長の佐藤一斎に入門する。

一八三五年　三十一歳

朱子学の松代藩士・佐久間象山と論争。

一八三六年　三十二歳

正月、大小姓格に上る。九月、一斎塾を退き、帰国する。十月、有終館学頭（校長）となり、邸宅を御前丁に賜る。「理財論」を執筆。

一八三八年　三十四歳

家塾の牛麓舎を開く。進昌一郎・大石隼雄・林富太郎・寺島義一ら、牛麗舎の第一期生としてそれ入門。

一八三九年　三十五歳

春、有終館が焼失し、仮の藩校の再築がなる。

一八四三年　三十九歳
三島中洲・矢吹久次郎が方谷に従学する。

一八四四年　四十歳
世継の板倉勝静《かつきよ》に講義する。六月、勝静が入封、翌年まで在封。

一八四六年　四十二歳
近習役を兼ねる。

一八四七年　四十三歳
四月、津山藩へ赴き、天野直人に砲術を学ぶ。

一八四九年　四十五歳
十二月九日、四月に封を継いだ勝静から、元締役兼吟味役を拝命受諾。（藩の財務大臣）

一八五〇年　四六歳

三月、藩主勝静の帰国とともに藩政改革の大号令が発せられ、方谷に全権がゆだねられる。
十月、大阪に出向して債主と会談・藩財政再建の協力を要請する。

一八五一年　四十七歳

六月十三日、勝静が奏者番に任ぜられる。

一八五二年　四十八歳

郡奉行を兼ねる。財政立て直しに鉄・銅の事業に取り組み、撫育局を設け産物の専売を行なう江戸産物方を設置する。
九月五日、藩内の信用が下落した五匁札を近似川原で焼却し、新藩札「永銭」を発行、信用を得る。

一八五四年　五十歳

参政（藩の総理大臣）となる。

一八五七年　五十三歳

元締役を辞める。（大石隼雄が後任）

藩の財政改革が幕府から評価され、八月、勝静、寺社奉行兼務を命じられる。

一八五八年　五十四歳

長州藩士久坂玄瑞来遊（洋式調練をみる）

一八五九年　五十五歳

四月、西方村長瀬の一軒家に移居する。邸隅に草庵を営み無量寿庵と称す。

七月、長岡藩士河井継之助来遊する。

一八六〇年　五十六歳

玉島で水軍の調練をする。

一八六一年　五十七歳

二月一日、勝静の再びの奏者番兼寺社奉行就任に伴い、江戸にて勝静の顧問を要請される。

六月、有終館学制を改革する。

一八六二年　五十八歳

三月十五日、勝静、老中に任ぜられるとともに召命により四月、江戸にて勝静の顧問となる。

九月、帆船快風丸を購入（十一月、江戸〜玉島初航海）。

一八六三年　五十九歳

四月から六月まで、京都にて勝静の顧問となる。

一八六四年　六十歳

十一月、勝静の長州征伐出陣により、留守の兵権を委任させる。頼久寺に寓する。

一八六五年　六十一歳

勝静、前年六月十八日、再び老中を免ぜられるが、十月二十二日、再び老中に任ぜられる。

一八六六年　六十二歳

四月、備中騒動に際し、一隊を率いて出陣する。

十一月、慶喜将軍職に就任する。

一八六七年　六十三歳

六月、京阪の地にあって勝静の諮問に答える。

大政奉還の建白書の原文を起草する。

一八六八年　六十四歳

正月、戊辰戦争起こり、幕府軍の敗北で首席老中職の備中松山藩は朝敵となる。十八日、備中松山城を征討軍に開城する。

五月、備前岡山藩家老・伊木鎮撫総督より白麻一疋を贈られる。

一八六九年　六十五歳

六月、長瀬の塾舎を増築して子弟教育に努める。

九月、板倉勝弼《かつすけ》を藩主とし、二万石で松山藩改め、高梁藩の再興がなる。

一八七〇年　六六歳

一〇月、小坂部に移寓して子弟教育に努める。初めて「古本大学」を講義する。

一八七一年　六十七歳

木戸孝允の密命を受けて、東京から帰国した川田甕江の訪問を受ける。（明治政府からの入閣の要請を断る）

七月、廃藩置県が行われる。

八月、明親間の開校に臨み「大学」を講義する。

十一月、外祖父母を葬る金剛寺域に小庵を営む。方谷庵と命名。

一八七三年　六十九歳

二月、備前岡山藩の藩校閑谷学校において、子弟教育に努める。

十月、閑谷に赴き、王陽明の説により「孟子」養気章を講義する。

一八七四年　七十歳

十二月二十三日、知本館に学んだ矢吹正誠が設立した温知館の開校に臨み「論語」を講義する。

一八七五年　七十一歳

四月、高梁にて勝静に対面する。勝静の長瀬での宿泊三日にわたる。

一八七六年　七十二歳

七月、閑谷に赴く。方谷の閑谷行きの最後となる。

一八七七年　七十三歳

六月二十六日、小坂部にて没し、同月二十九日、西方村の墓地に葬られる。

方谷の志を継いで三島中洲が東京に漢学塾「二松学舎」を開く。後、山田方谷の孫、山田準が二松学舎の初代学長になる。

二　方谷の基本的な考え方

（一）理財論

「理財論　上」

（略）

総じて善く天下のことを制する者は、事の外に立って事の内に屈しないものだ。しかるに当今の理財の当事者は悉く財の内に屈している。

（略）

ただ理財の末端に走り、金銭の増減にのみこだわっている。これは財の内に屈しているものである。

（略）

そこで当代の名君と賢臣が思いをここにめぐらして、超然として財の外に立ち、財の内に屈せず、金銭の出納収支はこれを係の役人に委任し、ただその大綱を掌握管理するにとどめる。そして財の外に識見を立て、道義を明らかにして人心を正し、習俗の浮華を除き風気を敦厚にし、賄賂を禁じて官吏を清廉にし、民政に努めて民物を豊かにし、正道を尊重して文教を振興し、士気を振るい武備を張るならば、政道はここに整備し政令はここに明確になる。かくて経国の大道は治まらざることなく、理財の方途もまた従って通じる。

（略）

この論文は、方谷が佐藤一斎塾で塾頭をしている三十歳〜三十二歳の頃に書かれたものと言われています。上下二編からなる経済論で、備中松山藩の財政再建を成し遂げる上での規範となっています。

「総じて善く天下のことを制する者は、事の外に立って事の内に屈しないものだ。しかるに当今の理財の当事者は悉く財の内に屈している」と述べていますが、「事の外に立つとは」、全般を見通す識見を持って大局的立場に立つことを言い、「事の内に屈するとは」、一事にかかずらわって全般を見通す識見を持たないことを言っています。

言い換えれば、「財政問題の外に立って財政問題のうちに屈しない」ということであり、方谷は、財政の窮乏という、数字の増減にのみ気を取られることを強く戒めています。財政改革といえば、とかく収入の増加と支出の削減ということのみに捉われがちで、それ以外のことは財政再建の名の下に片隅に追いやられてしまいがちです。これではいけません、風紀やモラルが荒廃し、教育水準が低下し、社会が閉塞した状態では、いくら財政の算盤勘定が合っても長続きはしません。

厳しい倹約と緊縮財政だけでは、経済が、社会が委縮・停滞してしまいます。額に汗して働く領民（国民）が報われ、豊かになるよう、いかにして経済に、社会に活力を与えていくのか。領民を富ませ、幸福にさせ、活力のある社会をつくることが必要と説いています。

「理財論　下」

（略）

義と利との区別をつけるのが重要なことです。政道を整備して政令を明確にするのは義のことです。飢餓と死亡とを免れようとするのは利のことです。君子は義を明らかにして利を計らないものです。

（略）

義と利との区別が一たび明らかになれば、守るべき道が定まります。

（略）

利は義の和と言います。政道が整備し政令が明確になるならば、飢餓と死亡とは免れないことはありません。

（略）


この「理財論　下」は「理財論　上」の「事の外に立って」考えると主張する方谷に対し、ある人が「貧困なる当今の小藩国は上下ともに窮乏しています。これに対して、政道を整備して政令を明確にしようとしても、飢餓と死亡とが先ず迫ってきます。その憂いを免れんためには、理財より外に方途はありません。それでもなお財の外に立って利を計らないとあなたが言われるのは、なんと迂遠なことではありませんか」と尋ねました。

方谷は、「義と利との区別をつけるのが重要なことです。政道を整備して政令を明確にするのは義のことです。飢餓と死亡とを免れようとするのは利のことです。君子は義を明らかにして利を計らないものです。ただ政道を整備して政令を明確にするのみです。飢餓と死亡とを免れるか免れないかは天命です。」と答えています。

一言でいえば『義を明らかにして利を計らず』です。

(二) 擬対策

「擬対策」

現今は太平が長く続いているが、衰乱の兆しがあらわれている。それは天下の士風が衰微しているからである。古の士が尊んだのは義であるが、今の士は利を好む。このように風俗が変わり、士が利を求めるようになったのは、政治と教育とが悪いからである。そしてその由来するところは、財政が窮乏し、上下ことごとく貧困に苦しんでいるからである。

この財政の窮乏する原因はどこにあるのかといえば、賄賂が公然と行われていること、奢侈がひどいこと、この二点にある。この二点を除去しなければ、財政の窮乏を救うことはできない。そしてまた士風の衰微を奮い起こすことができない。これを改めるには、英明なる主君と執政の大臣とが協同して深く省察を加え、宿弊を除かねばならない。どうぞ諫言の道を開き、直言の士を進められんことを、英明なる主君にお願いする次第である。

方谷の作成した年次について正確にはわからないそうです。二十八歳時の作成、三十歳～四十五歳、三十歳前後と諸説があります。方谷の政治論の概論です。

備中松山藩の窮乏の原因が述べられています。古の士は義を尊しとしたが、今は利を好むようになったため、士風が衰微してしまったが、これは政治と教育がそうさせたと言っています。そして、財政が窮乏する原因は、「賄賂」と「奢侈」と言っています。この二つを除去しなければ、財政の窮乏を救うことはできない。その為には、主君及び執政の大臣が共同して対策にあたるべきと主張しています。

(三) 至誠惻怛《しせいそくだつ》

まごころ（至誠）と、いたみ悲しむ心（則怛）があれば、やさしく（仁）なれます。

そして、目上にはまことを尽くし、目下にはいつくしみをもって接するのです。

心の持ち方をこうすれば、物事をうまく運ぶことができると言います。

つまり、この気持ちで生きることが、人としての基本であり、正しい道なのです。

この言葉は、万延元（一八六〇）年、越後長岡藩家老・河井継之助が松山（高梁市）を去る際に送った言葉でもあります。

二〇一五年のノーベル医学・生理学賞を受賞した北里大学特別栄誉教授の大村智先生は、「私は、読書などで感銘を受けた言葉を書き留め、新年にはその中から特に気に入った字句を色紙に墨書しています。二〇一五年はこの「至誠惻怛」を選びました。また、北里研究所で財政立て直しに取り組んだこととと、山田方谷が藩政改革で講じた方法と根底にある精神に共通するところがあることに改めて驚かされる」と言われています。

（この項、「山田方谷に学ぶ財政改革　野島透　著　㈱明徳出版社　発行」より転載）

三 山田方谷の藩政改革

（一）藩の状況

嘉永二年（一八四九）方谷四十五歳の時、藩校有終館学頭の職にあった方谷は、新藩主板倉勝静《いたくらかつきよ》より江戸に召し出され、元締役兼吟味役（藩の財務大臣）を命じられた。

方谷は、藩が公表している財政収支に疑問を抱き、詳細な調査をしました。

嘉永2（1849）年　松山藩財政収支試算

収　入		支　出	
定期収入	22,000	江戸表・松山役所費用	14,000
特別収入	12,800	家中扶持米	8,000
臨時収入	8,000	借金利息	13,000
		役用金	13,000
		武備一切金	10,000
		異国船武備臨時金	5,000
		救米・荒地引米等	3,200
		道中往来費用	3,000
		その他費用	6,600
収入計	42,800	支出計	75,800
収入不足（赤字）	△33,000		

結果、備中松山藩は表向き五万石ですが、実際の石高は、一万九千三百石という事実です。そして、借入金残高は十万両（六百億円）にもなっていました。

（二） 上下節約

方谷は、今後七大政策を実施していきます。まず最初に行ったのが「上下節約」です。嘉永三（一八五〇）年、藩主勝静に「倹約令」の上申書を提出します。

㈠ 衣服は上下ともに綿織物を用い、絹布の使用を禁じる
㈡ 饗宴贈答はやむを得ざる外は禁ずる
㈢ 奉行代官等、一切の貰い品も役席へ持ち出す
㈣ 巡郷の役人へは、酒一滴も出すに及ばず　等々

この倹約令は、主として中級以上の武士と、豪農、豪商を対象としています。下級武士や一般の民百姓は、すでにこれ以下の生活を余儀なくされているので対象外としました。方谷は、藩士の俸禄を減じるに先立ち、自らの俸禄は中下級武士程度に削減を藩主に申し出、さらには、家計簿は家臣に記帳させるなどガラス張りの家計としました。

（三）負債整理

十万両という巨額の借金返済を行なわない限り、藩の財政改革はあり得ません。そこで方谷は借金の一時棚上げをしてもらうことを決意します。

・債権者である大阪の両替商（銀主）に、藩の現状を包み隠さず説明をして、一時棚上げに同意してもらうこと

・方谷が自ら大阪へ出向き、銀主一人ひとりに、帳簿も持参し、年月と金額、条件が記載された綿密な返済計画書を提示する

・誠意をもって返済を約し、実行する

というものでした。当初、藩内では反対をする者もいましたが、「大信を守ろうとすれば、小信を守ってはおられない」という方谷の信念と「誠意中心主義」という考えで、藩の了承も取り付けたのち、大阪へ出向き、両替商は、方谷の申し入れを受け入れました。

この時、大阪の両替商（銀主）に対し、大阪蔵屋敷の廃止も申し出ます。蔵屋敷とは、年貢米を運んで貯蔵する倉庫付きの屋敷です。方谷はこの蔵屋敷を藩で管理し、有利な時に米を販売することにしました。結果、蔵屋敷の保管費用の削減と米の販売により利益を生み出しました。

蔵米の保管を、領内四十数か所に及び、飢饉の際、緊急放出する義倉としての機能も発揮しました。

(四) 産業政策

高梁地区は古くから良質の鉄と銅を算出していました。方谷はここに目をつけました。

(一) 製鉄事業・特産品の製造

この地域は良質な砂鉄の宝庫であり、この良質の鉄を原料とする「たたら製鉄」により、鉄器、農機具、釘などを特産品とした。中でも、三本歯の「備中鍬」を発明し全国に普及させました。

また「備中たばこ」も全国的なブランドとなり、その他にも、杉や竹、漆、茶などの製品も生み出していきました。

(二) 撫育方の設置

方谷は、嘉永五年(一八五二)に「撫育方」を新設し、藩内の事業部門であり、備中松山藩の専売事業を担当しました。藩内の年貢米以外の一切の産物を集中し、その販売管理も手掛けました。

すなわち、原料、生産、販売、一手に引き受けた「撫育方」の働きによって、藩内の殖産興業は進められ、財政再建が一気に進みました。

これら殖産興業による利益は、三年目にして一万両（六十億円）の借財を返済し、さらに藩政改革の開始以来八年で十万両（六百億円）の借金を返済した上に、十万両の蓄えを可能にしました。

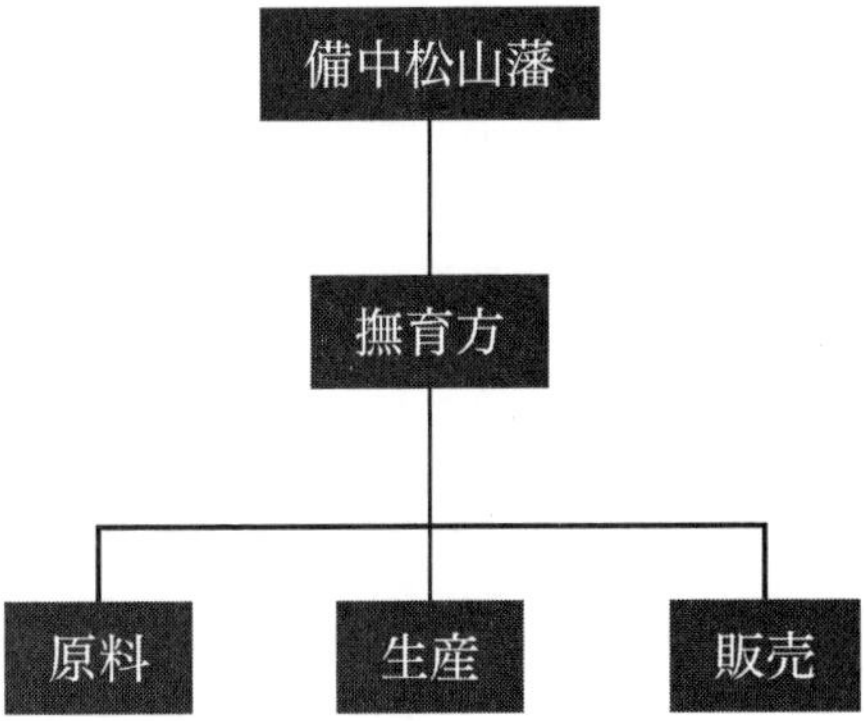

㈢ 流通コストの削減

方谷の改革は、特産品の販売に流通コストを合理化したことです。大阪での蔵屋敷の廃止もコストの削減です。さらには、製品の流通は、領内の高梁川の改修を進め、高梁川を下り、河口の玉島港まで運び、その後は、海路で、直接大消費地の江戸に直接送って販売をしました。かねて保有の藩船の他に、軍艦「快風丸」という洋式帆船を購入し江戸あるいは北海道へも運び入れました。

流通コストの削減と商人による中間搾取の防止によって大幅な利益をもたらしました。

(五) 藩札刷新

江戸時代の正貨たる貨幣は、金貨、銀貨、銅貨の三種類からなり、鋳造は徳川幕府の独占事業であり、各藩が勝手に鋳造することは禁じられていた。

その代わり、貨幣である藩札の発行が認められていた。もちろん額面通りの金貨等にいつでも交換される兌換紙幣であることが条件であった。

当時の備中松山藩は、一匁札と五匁札の二種類の藩札を発行していたが、財政が逼迫していたので藩札の兌換準備金にも手をつけ、準備金が底をついていた。にもかかわらず、方谷が元締役に就任する前の天保年間（一八三〇〜四四年）に、大量の五匁札を新たに発行した。つまりは不換紙幣であって、約束手形のようなものであり、当然信用も得られず、刷りの悪さから、古いものにはニセ札までも出回る状況で、方谷はこの始末に力を尽くさざるを得なかった。

三年間という期限を区切って、紙屑同然の藩札を貨幣に交換するというお触れを出し、藩札を回収しました。回収された五匁札は四八一貫一一〇匁（八千十九両）にも上り、当時の松山藩の通常の財政規模の二割に近い大変な額でありました。

嘉永五（一八五二）年、方谷は回収した五匁札と未使用の五匁札、総額七一一貫三百匁（一万一千八百五十五両）を、高梁川の対岸近似川原に積み上げ、公衆の面前で焼却して見せたのです。朝八時に始まり、夕方の四時までかかった藩政改革の一大キャンペーンでした。

代わって発行した藩札「永銭《えいせん》」は、五匁札、十匁札、百匁札の三種類です。産業振興による利益をはじめ確実な兌換準備金の裏付けがあり、藩民の信用を博した。さらには他藩の領内にまで流通するようになった。

（六）民政刷新

方谷の藩政改革に当たって終始一貫貫いたことは「士民撫育」ということです。「撫育」とは、藩民（国民）を慈しみ愛情をもって育てるという意味です。

産業振興や藩札刷新などの政策は、一時の辛抱により、将来の藩士領民の生活を安定させ、富国強兵を計ろうとするものであった。

このことは、「藩財政の上申書」の中に、「財政再建は、金銭の取り扱いばかり考えていて決して成就できるものではなく、国政から町民・市中までをきちんと治めて、それができるものである。政治と財政は車の両輪である」と述べている。

また、「撫育の急務上申」においては、「藩主の天職は、藩士並びに百姓町人たちを撫育することにあります。」と述べています。

具体的な刷新政策は、賄賂を戒め、賭博を禁じる。盗賊取り締まりの強化。領内の四十カ所の貯倉を設け干ばつや凶作に備えた。道路や河川改修などのインフラ事業。目安箱の設置等々。後に越後長岡藩の河井継之助の学ぶところとなった。

（七）教育改革

方谷が有終館の学頭に就任した当時の教育施設は、藩士の子弟を対象とした有終館と江戸藩邸の学問所の二カ所しかありませんでした。

方谷は、庶民教育の重要性を説き、「学問所」一ヵ所、「教諭所」三か所、「家塾」十三か所、「寺子屋」六十二か所を開講していきました。

そして学ぶ者たちは、百姓の子、商人の子、庄屋の子等、士農工商の身分に拘わりなく能力のあるものに学びを施す方谷の姿勢が現れています。

（八）軍制改革

「文武に励むは、士風を起こすもと」の言葉通り、方谷は文武の奨励に努めました。文武の奨励は、各藩の藩政改革においてはほぼ共通するところですが、方谷改革における特徴点は、「文」すなわち学問においても、「武」すなわち武道の奨励においても、身分差をほとんど考慮していない点である。

内陸山間部に領地があったため、国境の守備は特に重要であったが、藩士たちには危機感が乏しかった。そこで方谷は、手薄な藩士の守備を補うため、新たに考え出したのが「里正隊」という農兵制度です。当時、領民の内約八割は農民でした。そこで多数の農民を兵力に率いれて富国強兵を図ったのです。

(九) 改革の成果

藩政改革といえば米沢藩主上杉鷹山が有名です。米沢藩十五万石には二十万両の借金があった。明和四(一七六七)年、鷹山は藩政改革に取り組む。改革がなって借金を返し終え、五千両の余剰金を残したのは慶応三(一八六七)年。時代が明治に変わる一年前です。この間百年。もちろん鷹山はとうに没していました。

鷹山は確かに名君です。しかし、百年もかかった改革が果たして改革と言えるのでしょうか。

一方、方谷の藩政改革は、嘉永三年(一八五一)に始まりました。そして足掛け八年後の安政四年(一八五七)に長年苦しんできた十万両の借金の返済が終わり、逆に十万両の蓄えができ、財政再建は果たされました。

ではなぜこのような改革ができたのでしょうか。

(一) 藩主と執行責任者の間に信頼関係が確立されていた

方谷の論文の「理財論」と「擬対策」にいう、「名君」と「賢臣」の協力関係が構築されており、最後まで揺らぎがなかった。藩主勝静は「方谷の言は余の言」として絶対の信頼関係を家中に示しました。まさに「名君」と言えるのではないでしょうか。

(二) 改革施策に一貫性がみられる

・「上下節約」では、まず上に立つものの節約を率先垂範している。方谷自身は家禄の一部返上を率先した上、家計を公開した。
・「負債整理」では、自ら出向いて藩の内情を銀主（大阪商人）に残らず打ち明け、協力を要請している。すなわち、小信を捨てて大信をとるという誠意中心主義を貫いた。
・「産業振興」と「民政刷新」においては、目的が単なる藩利の獲得でなく、藩士、領民の撫育にあることを明示しつつ、施策を実行した。すなわち、下（民）が富めば、上が富み、上が富めば、年貢減免も図れて、下が富むという循環を明らかにしている。
・「教育改革」「軍制改革」では、身分の区分、すなわち士農工商の固定的な役割分担をこえ、能力や適性による人材育成と活用を図っている。「文」では農・工・商の出入りを許す「教諭所」の設置によって教育の機会均等を図り、「武」では農民による理正隊を編成した。

（この項、「山田方谷に学ぶ財政改革　野島透　著　㈱明徳出版社　発行」及び、「山田方谷の思想と藩政改革　樋口公啓　著　㈱明徳出版社　発行」より転載）

四 FP長谷尾の眼 ～なぜ方谷なのか～

（一）どうして知ったか

山田方谷は、ほとんどの皆さんがご存じないと思います。当然ながら、私も知りませんでした。きっかけは、再生クラブの稲田正信さんから、「長谷尾さんに役立つ、こんなものがありますよ」といって紹介していただきました。それは、NHKが二〇〇四年五月に岡山放送局で放送した「高梁・方谷紀行」を、「山田方谷　奇跡の藩政改革」としてDVD化したものでした。

早速購入して見ることにしました。一度見ただけで大いに感動です。その後何度も見ました。世の中にこんなにすばらしい人がいて、日本人に知られていないのが残念でした。そこで、このDVDに出演されていた、当時九州財務局長で山田方谷六代目の野島透さま、そして、インタビュー出演のANAの当時会長の大橋洋治さまに、福岡での講演会をお願いしました。しかし、お二人ともお忙しいこともあり、実現できませんでした。今思い返せば、残念でなりません。

もし講演会が開催できていたら、多くのみなさんのお役に立てたのではと…

（二）藩政改革

藩政改革とは、江戸時代、各藩で行われた政治や経済の改革。財政の窮乏打開や家臣団統制の再強化を目標として行われた。幕府の三大改革をはじめ、各藩でも社会の進展状況を顧慮し、適応体制を整える必要があった。改革は初期、中期、後期に分けられる。初期は加賀藩、宇和島藩、長州藩などで農業振興を重点として行われたが、家臣団構成や知行制の変革も多かった。中期以降は、商品経済の発展に順応した殖産興業政策と藩専売の強化が行われた。幕末には、国産会所（→産物会所）を設けて藩が商品流通を独占し、軍制の改革もあわせて行われることが多かった。西南雄藩の改革が典型的なものである。（ブリタニカ国際大百科事典 小項目事典）

「藩政改革のすべて」（別冊歴史読本、一九九四年秋号、新人物往来社）という本に、各藩の四十九の藩政改革がまとめられています。そのうち「成功」とされたのはわずか四藩のみです。上杉鷹山の米沢藩と山田方谷の備中松山藩は、「成功」と書かれています。各藩色々な問題や悩みがあり、おおむね成功の藩、あるいは反対にあって藩主が交代したところもありました。

ジョン・Ｆ・ケネディが第三十五代アメリカ大統領に就任するときに、日本人記者から「一番尊敬している日本人は誰ですか？」と聞かれ「上杉鷹山《うえすぎようざん》」と答えてといわれています。そういったこともあり、藩政改革といえば上杉鷹山が有名です。

米沢藩十五万石には二十万両（約千二百億円）の借金があった。明和四（一七六七）年、鷹山は藩政改革に取り組みます。改革がなって借金を返し終え、約五千両（約三十億円）の余剰金を残したのは慶応三（一八六七）年。時代が明治に変わる一年前でした。この間百年。鷹山はとうに没しています。鷹山は確かに名君ではありましたが、百年もかかった改革が果たして、改革といえるのでしょうか。

米沢藩と比べると規模は小さいですが、備中松山藩の山田方谷の藩政改革は立派だなと思います。藩政改革の功により、藩主は徳川幕府の首席老中にのぼりつめて、将軍の側近となります。方谷も一緒に江戸へ行きます。また、大政奉還の建白書の原文を書いたとも言われています。また明治政府になっては、大臣への声掛けがありましたが断って、岡山藩の閑谷学校で子弟教育に専心して、生涯を終えました。

第三章　本多静六

一　静六ってどんな人

一八六六年（慶応二）七月二日

埼玉県南埼玉郡河原井村（現在、菖蒲町大字河原井）で、父、折原長左エ門（緑三郎）、母、やその　第六子三男として生まれる。

折原家は十代以上も続いた村一番の旧家で、静六は十歳頃まで気ままな悪童、餓鬼大将として頑健に育つ。

一八七三年（明治六）七才

明治五年八月、学制が公布され、小学校に入学。

一八七六年（明治九）九才

父緑三郎（四十二才）、脳溢血で急死。

折原家は父が残した借金千円（当時）をかかえ、家計が次第に苦しくなる。静六はこの頃より百姓仕事を手伝いながら勉学に励むようになる。

一八八〇年（明治十三）十四才

志を立てて上京（四谷仲町）、静六の兄金吾の師であった島村泰先生（当時、大蔵省二等属）の玄関番兼書生となる。

ただし東京で勉学する期間は、秋の麦蒔きが済んでから翌年の五月初めまでの約半年間の農閑期だけという条件付きであった。

十五才から十八才の足かけ四年間、秋の末から四月の末まで東京で勉強し、五月初めに帰省し、米搗き、草取り、畑うないなどの仕事を手伝うという変則的な仕事を続ける。

一八八四年（明治十七）十七才

島村先生のすすめで、東京山林学校（王子区西が原）へ入学。

当時、山林学校の生徒は、ほとんどが中学か師範学校の卒業生であったため、静六はかろうじて入学できたものの幾何と代数の点が足らず、七月の第一学期試験に落第。

親兄弟に面目が立たないと、遺書をしたため古井戸に身を投げるが、米搗きで鍛えた腕が井桁にひっかかり死にきれなかった。

その後、決死的勉学に励み、次学期からは優等で進級。主任の先生から「お前は幾何の天才だ」と言われる。この時「何だ、天才というのは努力することか」と悟り、誰でも努力しさえすれば人並み以上、天才近くにもなれるのだという自覚自信が生まれ、生涯の人生哲学となっていく。

一八八六年（明治十九）二十才

東京山林学校は、駒場農学校と合併、新しく東京農林学校と称せられる。

翌年さらに東京農科大学と改称され、本科生となる。（明治二十三年には帝国大学、明治三十年に東京帝国大学となる）

一八八九年（明治二十二）二十三才

静六本科二年の時、官軍に反抗した彰義隊元隊長本多晋に見込まれ、ひとり娘、詮子の婿にと要望される。

静六は勉強中に結婚問題にかかわりたくないと一時は断るが、本多晋はあきらめず、留学をさせるという条件で納得させ、五月、静六は本多家の婿養子となる。

（妻詮子は、日本で三番目の女医で英語に堪能、慈恵病院の助手、横浜フェリス女学校の講師などを勤めるが、静六、留学帰国後は賢夫人として主婦業と四人の子供の教育に専念した。）

一八九〇年（明治二十三）二十三才

三月、多年の夢がかなって、ドイツへ留学。それほど裕福でない本多家が無理をして費用を出しているため、お金のかからない仏国郵船ゼムナ号三等船室で横浜港を出発。

一、二等船客の貴族的扱いに対して三等船客の差別的な扱いに悲憤慷慨するがはじまらず、つくづく金の威力を思い知らされ、生涯金に困らぬようにしたいと深く感ずるところがあった。

五月、ドイツターラントの山林専門学校に入学。十月にはミュンヘン大学に転校、ブレンタノ教授のもとで恵まれた環境の勉学に励む。当時ヨーロッパにおいて一流の財政学者であったブレンタノ教授から、実際的な経済原理や人生学を学んだことは、のちの静六の人生に大きな影響を与えた。

転校一ヵ月後、養父本多晋が静六の四ヵ年分の洋行費を預けていた銀行が破産、送金が止まる。

一八九二年（明治二十五）二十五才

急きょ四ヵ年の課程を二年で終了すべく計画を立て、睡眠時間三～四時間と貧しい食生活に耐え、切腹する覚悟で卒業試験に心血を注いだ結果、異例の速さでドクトル（エコノミー）の学位を得る。

このミュンヘン留学中に、内務省の留学生であった後藤新平（満鉄初代総裁、東京市長）と出会い、生涯にわたる親友となる。

五月、イギリス、アメリカ、カナダを回って帰国。日本へ向う船の中で偶然乗り合わせた北里柴三郎（細菌学者）と親交を深めた。

七月、東京農科大学助教授に任ぜられる。（明治三十年六月、東京帝国大学と改称）この年、静六は人生計画を立て、本多式四分の一天引貯金と一日一頁の文章執筆を始める。この本多式四分の一貯金法は、十五年後には莫大な財産をつくるもととなり、毎日の執筆活動は、生涯で大小三百七十余冊の著書となる。

一八九四年（明治二十七）二十七才

大隈重信公の依頼により早稲田専門学校（早稲田大学の前身）の講師となる。

十一月、千葉県下に東大演習林を創設する。

一八九五年（明治二十八）二十八才

某名門の伯爵家の家督争い――毒殺未遂事件を巧みに解決する。これを契機に、宮内大臣土方久元伯爵の信任を得、広く貴族富豪の家庭裏面の指導にあたるようになる。

一八九六年（明治二十九）三十才

台湾へ山林調査のため出張。当時、台湾は日本占領後日浅く、治安が悪く森林調査は難航をきわめた。台湾第一の高山「新高山」に登山中マラリアにかかる。

一八九九年（明治三十二）三十二才

論文「森林植物帯論」により日本で最初の林学博士の学位をとる。

一九〇〇年（明治三十三）三十三才

東京帝国大学農科大学教授となる。

一九〇一年（明治三十四）三十四才

東京市の日比谷公園設計調査委員の嘱託になる。日比谷公園は日本で最初の近代洋風公園で、静六は設計にかかわった。

もと日比谷見付にあった樹齢四百年の銀杏の大木を公園に移植するにあたって、星亭（第二代衆議院議長）と意見が対立、大論戦の末、静六が「もし移植して枯死したら私の首を差し上げる」と言い切って決行。わずか半キロの距離を動かすのに、二十五日もかかった。現在、その巨樹は見事に日比谷公園内の松本楼のそばで生育、「首かけイチョウ」と呼ばれている。静六の信念と実行力を示す一例である。

一九〇二年（明治三十五）三十五才

埼玉県出身の学生のための寄宿舎を建設すべく、埼玉県出身の有力者渋沢栄一（大実業家）、佐野延勝（陸軍軍人）、諸井恒平（秩父セメント創業者）らと、埼玉学生誘掖会を創立。翌年、牛込区（現新宿区）に四百九十坪の土地を買収。明治三十七年に落成、理事である静六は初代舎監に就任。現在（平成十一年三月末現在）も十七名の学生がここで寮生活を送っている。はっきりした人数は分からないが、これまでに二千～五千人ぐらいの学生がこの寮を利用した。

一九〇四年（明治三十七）三十七才

林学の書「森林家必携」を出版。百年以上たった現在でも林業に携わる人々には手放せない座右の書であり、改訂に改訂を重ねるロングセラー書である（平成十一年現在、七十二版）。

一九一八年（大正七）五十二才

日本庭園協会を創設。理事長となって、造園界の発展につくす。

そもそも造園という言葉は、静六が本郷高徳氏、田村剛氏などと相談して決めたということで、日本の造林、造園学の基礎を築いた。

とくに明治天皇、昭憲皇太后を祭る東京・代々木の明治神宮の御造営にあたって静六とその弟子たちは神苑の設計と造成を担当、百年の計を立てて全国から献木された約十万本の樹木を移植した。

静六らは、林相の変化を三段階に分け、植林の第一段階を「仮設の森」と位置づけ、主木を直射日光に強いアカマツやクロマツとし、その間に成長の早い杉、ヒノキを、下層に将来の主木にふさわしいカシ、シイなどの常緑広葉樹を植えた。五十年後には上層を覆っていたマツ類に代わり、杉、ヒノキが支配樹種となり、百年後には常緑広葉樹が優位に立つと予想。その後はシイ、カシ類を極相とした森が永遠に続くと考えた。

神宮の森は現在、ほぼ予想通りの変化を遂げており、森林計画は当時の最高技術の結果だったことを証明している。また静六の生家折原家から献木されたクスノキは、現在も南参道鳥居のそばにあり、明治の時代精神を今に伝えるようにそびえ立っている。

一九二七年（昭和二）六十才

三月、定年退官

四月、正三位勲二等に叙せられる。

七月、東京帝国大学名誉教授となる。

一九二九年（昭和四）六十二才

国立公園の創設に尽力、内務省安達謙蔵内相にかけあい、国立公園法に基づいて国立公園調査委員会が設立される。これと同時に発足した国立公園協会の会長に、旧藩主細川護立氏、静六はその副会長となり、国立公園の選定などで活躍する。

静六が設計・改良にたずさわった公園は、全国に主な所で七十数か所、大小合わせると数百か所もあると言われる。専門の造林学に立脚した設計が大きな特徴で、自然公園を得意とした。主な公園として、明治神宮（東京）、日比谷公園（東京）、大濠公園（福岡）、舞鶴公園（愛知）、懐古園（長野）、三保の松原（静岡）、鶴ヶ城公園（福島）、中村公園（愛知）、松島公園（宮城）、大沼公園（北海道）、岐阜公園（岐阜）、奈良公園（奈良）、箕面公園（大阪）、清滝公園（福岡）、宮島公園（広島）、卯辰山公園（石川）、霧島公園（鹿児島）などがある。

一九三〇年（昭和五）六十四才

静六が所有する埼玉県秩父市大滝村の森林（面積二六七六ヘクタール、東西約十キロ、南北約九キロメートル）を埼玉県へ次のような条件を示して寄付することを申し出る。

①本林の一部中津川本流に沿いたる景勝地の森林は、風致林として永く保存せられ、かつ、林道開さくその他により該地方の開発を図られたきこと

②本林経営の上、純益の一半を積立て利殖しおき、総額一〇〇万円に至りたる上は、秀才教育の財団法人組織せられたきこと

③右団体は、年々生ずる利子の四分の一以上を元資金に加えられたきこと

④該財団の元資金より年々生ずる利子の四分の三以内をもって、まず苦学生中の秀才に補助し選んで一般教育並びに学術研究に資せられたきこと

※寄付を受けた埼玉県では、静六の趣旨に沿うべく収約な森林管理を行った結果、年々収益が上がり、二十三年後の昭和二十八年三月に至って、目標とする積立金（当初静六の要望基金額一〇〇万円→条例の一部改正により一〇〇〇万円）を達成することができ、昭和二九年より「本多静六博士奨学金」制度を開始。平成十一年までに一三一五名が受給している。

一九三一年（昭和六）六十五才

三月、埼玉県学生誘掖会及び埼玉県学友会の会頭になる。

八月十日、東京朝日新聞紙上の「女性相談欄」に一女性から「生まれた子が親に似ない」という身の上相談を送られたのに対し、時の朝日新聞顧問前田多門氏（後の文部大臣）が「勇気を出して夫に告白せよ」との解決策を読み、「前田氏の答えに異議あり」という一文を同月十五日朝日紙上に公にした。

たちまち世上の大問題となり、これをきっかけに新聞雑誌上で人生相談にあたる。静六が亡くなるまでに、家庭争議、恋愛問題、事業の失敗・復興、政治経済にいたるまで多岐にわ

たる数えきれないほどの相談を受けた。

一九四二年（昭和十七年）七十五才

東京渋谷の自宅を息子家族に譲り、伊東市鎌田の歓光荘に夫妻で移り住む。

修善寺へのバス道路沿いの高台で、渋谷の自宅とは違って、むしろ平凡な様式であったが、畑地へつくられた住宅地であるだけに庭先は広く、晴耕雨読に適した優れた環境であった。

一九四五年（昭和二十）七十九才

太平洋戦争敗戦。二十五才の時に立てた人生計画は、七十歳過ぎれば勝手気ままな安楽生活を送るというものであったが、静六思うところがあって、百二十歳までの第二次人生計画を立て直す。

一九五一年（昭和二十六）八十四才

六月、血圧昂進し、突然狭心症にかかる。

一九五二年（昭和二十七）八十五才

一月二十九日、伊東市において逝去す。

二月、青山斎場にて葬儀を行う。

佐藤栄作大臣をはじめ、大勢の名刺が参列した。

二 人生設計の秘訣

（一）人生にはなぜ計画が必要か

㈠ よき人生はよき人生計画に始まる

何事にも計画を立て、計画に律せられ、計画に従って生活しているのが、人間の特性ということになるのである。

言葉をかえていえば、人間とは計画生活を行う動物なのだ。

そこで私は、よき人生はよき人生計画に始まる、といいたいのである。しかも、その計画は日常生活を基盤の上にしっかり立てられなければならぬと思う。

(二) 計画性のある日常生活

世の中には、意識的には計画のない人生を送る人もないではない。しかしそういう人でさえも、無意識的には必ずある程度の計画性をもっているものである。

一生を通じてやる生活行動、全生涯の生きかたに対しては、何人もよほど慎重な態度で、これを組織的、計画的、かつ創造的に、十分考えてゆかねばならぬ。

(三) 二度と繰り返せぬ人生

さて、自分の一生涯を運営管理する人生計画となると、これはまたなんとしたことか、まったく無関心で放り出したままの人々がすこぶる多い。その時々の推移にまかせ、環境に支配されて、自分の生き方を自分でどうにもしえないでいる人々が大部分であるようである。

しかし、これらの人々とても、けっしてそれを欲していないわけではない。実は自分をどうしたらよいかと心に思いわずらっていながらも、その境遇に引きずられ、不安に駆られ、消極的な気持ちになって、どうせ計画を立ててもダメだろうと初めからあきらめていたり、あるいは計画を立てたとしても、自らの弱志のためにこれを破り去る結果となっているのである。こうしたありさまの原因の多くは、たしかに根本的に意思の強固を欠き、不用意、怠慢の罪であるといえる。

何人も二度と繰り返すことのできない貴重な人生に対して、こんなアイマイな態度をとっていていいものであろうか。いいことのあろうはずはない。断じて不可、私はこれを人生の自殺行為なりと断じたい。

すなわち、人生計画はけっして人生の自由を束縛するものではなく、かえってその拡大充実を図る、自由の使徒だといっても誇張ではない。計画なくして自由なしとも断ずべきである。

㈣ 向上と努力の「予定表」

しからば、この人生計画はどんな方針で立てられ、どんな順序で決定されていくべきかというと、何人も自己の能力と考え合わせ、高からず、低からず、まず実行可能な範囲内に組み立てられてゆかねばなるまい。

目標の高すぎるのも困るが、そうかといって低すぎるのもなおさら感服できない。最大の努力をもってあがない得る、最大可能な計画を立てることが望ましい。それでこそ真に生き甲斐のある人生が味わえるというものだ。

この計画には必ず向上心の満足が盛り込まれていなければならぬ。いや、向上心の満足が計画の眼目でなければならぬ。向上即努力、努力即向上で、この両者を引き離して考えることはできない。

いわゆる人生計画は、向上心の充足―つまりは「努力の予定表」なのである。

(二) 二十五歳での「第一次人生計画」

ドイツ留学で、ブレンタノ教授の「帰国したら直ぐに人生計画を作りなさい」との教えに従い、二十五才でこの「人生計画」を作成。

第一　満四十才までの十五年間は、馬鹿と笑われようが、ケチと罵られようが、一途に奮闘努力、勤倹貯蓄、もって一身一家の独立安定の基礎を築くこと。

第二　満四十才より満六十才までの二十年間は、専門（大学教授）の職務を通じてもっぱら学問のため、国家社会のために働き抜くこと。

第三　満六十才以上の十年間は、国恩、世恩に報いるため、一切の名利を超越し、勤行布施の御礼奉公に務めること。

第四　幸い七十才以上に生き延びることができたら、居を山紫水明の温泉郷にトし、晴耕雨読の晩年を楽しむこと。

第五　広く万巻の書を読み、遠く万里の道を往くこと。

（三）七十九歳での「第二次人生計画」

いよいよ人生計画の最終段階に達して、感謝と満足に明け暮れる生活であるはずなのに、移住（伊東市　観光荘）当時の私には、時としてほのかに脳裏をかすめる充ち足りなさに、我ながらふと驚かされることがあった。

かつて「人生計画」を立てた時には、七十才まで徹頭徹尾努力を続ければ、あとはもう勝手気ままな安楽生活を送ってもよいと考えたのであるが、今その七十才過ぎになってみて、ただ老人たるの故をもって、世間にかまわず、自分だけが安楽生活を営むことが許されるかどうか。人生には人生の任務が終わるということがあるはずはない。先哲先賢は、臨終の朝までいずれも道をきわめることを怠らなかった。務めて我が道の足らざることを恐れた。それなのに、未熟もはなはだしい自分ごときが、七十才で一応任務を務め果たしたように考えるのは僭越であり、また軽率でもある。まさしく人生への冒とくである。ああ、我れ大いに誤てりの感が、ここでむくむくと湧き起こったのである。

いったい私の旧「人生計画」は、はたして間違っていなかったかどうか。古くさい明治初年の――いわば文明開化の自由資本主義時代に立てた「人生計画」であってみれば、もはや多分に時代遅れの唾棄すべきものになっておりはしまいか。これを曲りなりに実践してきて、能事終れりとするに、過ちがありはしないか。この疑問は第一の疑問よりさらに根本的なものといえよう。この疑問がもし全面的に肯定された場合には、私はついに人生の支柱を失ってしまうことになる。

私が新「人生計画」を第二次的に決定した重大原因として、もう一つ年齢のことを挙げなければならない。

私の若い頃の予想では、七十才以上生き延びることについて、必ずしも自信はもてなかった。もし幸いに七十才以上生きられたら、こういう生活に入りたいものだと、いわゆる希望的観測を加えての人生計画が、旧「人生計画」の第四項目となって表されたものだった。しかし、ここに、実際に七十を越え、八十に達してみると、今後まだ二十年や三十年は生きられそうな気持ちがきざし始めた。

つまり、隴を得て蜀を望む寿命欲が出てきたのである。生きようと思えば生きられるという自信、生きなければならぬという覚悟、また生きたいものだという努力は、少なくともその希望するところに、自然と近からしめるであろう。それがまた最上の健康長寿法でもあるのだと気づいた。

そこで私は、少なくとも今後二十年以上、願わくば百二十才まで ― できるだけ遠大な理想を盛り込んでの、新「人生計画」を立てねばならない。これは若い頃にはまったく予想もしなかったところで、いわば大きな番狂わせである。

人間が七十年生きる想定での旧「人生計画」と、百二十年生きる想定での新「人生計画」には、そこにおのずから大差あるべき道理であろう。

少なくとも、私としては、旧「人生計画」に欠如された、八十才、九十才といった新計画の増補を行う必要に迫られたのは当然である。…

七十九才の時、百二十歳までの第二次人生計画を立て直す。

特長は、人生を、四分し、さらにこれを八期に細別し、それに至る計画目標及び計画方法をたてる。

新人生計画一覧表

期名	年齢	期間年数	計画目標	計画方法
第一、**教練期** 少年期（教養） 青年期（錬成）	**六〜二十** 六〜十五 十六〜二十	**十五** 十五	人間らしく働くための準備	勉学、錬成の徹底化、克乏生活の訓練（従順・学習・錬成）
第二、**勤労期** 少壮期（働き盛り） 中壮期（分別盛り） 大壮期（知能盛り）	**二一〜六五** 二一〜三五 三六〜五〇 五一〜六五	**四五** 一五 一五 一五	身のため国のために働き、名利を蓄積する	勤倹貯蓄、職業の道楽化、成功（職域奉仕・縦横活動）
第三、**奉仕期** 初老期（お礼奉公時代、感謝時代）	**六六〜八五**	二〇	名利に超越して、世のため人のために働く	名誉職、世話役、官公吏、人生指導など（奉仕的、円満無碍の活動）
第四、**楽老期** 中老期（指南時代） 大老期（無為化時代）	**八六〜一二〇以上** 八六〜一〇五 一〇六〜 一二〇以上	**三五以上** 二〇 一五 以上	働学併進、努力道楽の晩年を楽しむ	晴耕雨読、顧問相談役、身上相談、遊覧指導旅行など（和顔慈眼、光風霽月）

（四）人生計画の立案と実行

㈠ 人生計画に必須の五大要素

・正しい科学的人生観に徹すること。
・どこまでも明るい希望を持つこと。
・なるべく遠大な計画を立てること。高遠雄大な希望を抱いて前途の大方針を仰ぎ、伏して心を静め、自身の足元を見つめて、現在の実力、境遇に応じ、順次下方より確実な一歩一歩を真面目に築き上げていくこと。
・人生計画は、焦らず、休まず、怠らず、日にあらたなる努力精進をもって、終局において必ず大成するよう拙速、僥倖、場当たり、投機などの危険をいささかも含めぬこと。
・人間はしょせん「時代の児」であるから、計画も努めて科学的な進歩と社会発展の線に沿わしめること。

要するに、我々は、自己の努力と、才能と、そして健康と境遇とを参酌して、時勢に最も適した人生計画を立ててゆかねばならぬのである。

(二) 二十年一期の刻み方

さきの「第一次人生計画」、「第二次人生計画」は理想的、総括的であるのに比べ、これは現実的、分析的で、常に実践とのつながりをもち、自己の能力と性格がくみ取られ、社会環境に添う具体計画となってこそ、初めて意義を持つ。そうして、一定区画の精密な細分が行われなければならない。

それを解くには、時間的、年齢的観念による区分が最もよろしいようである。すなわち、今後の十年、二十年を大観した上で、これを一期とみるのがいい。私は自分の体験から二十年を一期とみなした。そうしてこれを前後十年ずつの二期に分かち、さらにそれを二半分して、まず五年間の具体計画を立てたのである。

つまりは、二十年の後期四分の三は、いずれも大綱にとどめてさしつかえないのであるが、さしあたっての五年間は、詳細にその実行計画を立ててかかるのである。しかも、この五年間が、さらに各年別に分けられてくると、その諸項目はどうしても具体的にならざるを得なくなろう。そうして、一年の計は元旦にありで、各年初ごとにそれぞれ卓上日記の初めにでも整然と列記できる事柄のみとなってくるのである。

さて、二十年、前後期十年ずつ、そのまた半分の五年、いよいよ細かく一ヵ年ごとの計画に移るのであるが、ここまでくれば、もはやだれにも立案し、計画できないということはない。ちょっとした日記のはし、懐中手帳の余白にでも書きつけられて事が足りる。しかし、私はこれを次のように実行してきたのである。

私は、私の予定計画記載に当たって、それぞれの重要性、論理的なつながりを考え、ついで季節の変化による能率の限度をも参酌しながら、各月の行事に分析、配列していく。そうして、最後は、月々の実行案が日々の予定欄に按配されることによって、あとはもう、実践するばかりに完成するのである。

(三) 凡人も非凡なことができる

このように、諸条件を難しく考慮に入れ、いくつもの分類をしていくことは、一見うるさいようであっても、目的完遂を希求する熱心誠意をもってすれば、何でもないものである。

一日〜一月〜一年〜五年〜十年〜二十年〜それ以上、という実行予定が一度体系づけられてしまえば、もはや軌道を走る汽車と同じで、ただ情熱と努力の原動力さえあれば、その進路を踏みはずす憂いもなく、その進度はいかなる時でもよくわかる。

そうして、日々の予定を実践し続けることにより、間違いなく目的の彼岸に到達しえられるとの予想は、日常生活をこの上なく張り合いのあるものともするし、うるおいに満ちたものにもする。

もちろん、最初はかなり意識的な努力を必要とする。しかし、それが着実に実行されていく時、いよいよ自信も生まれ、あらたなる工夫も積まれ、計画の遂行それ自体が面白くてならなくなってくるのである。

日々の小さな成果、それは一年と積まれ、五年、十年と積み重ねられて、やがては自分の最善の知能と努力を、完全な計画遂行に導いていく。偉人傑士の大業にしても、多くは日々、一歩一歩の努力の集積の上に打ち立てられたものであって、そこには、秀吉でも、家康でも、ないしは近代における大実業家諸氏でも、必ず高度な計画性の活用のあったことが、見出されるのである。

（この項、「人生と財産　本多静六　著　日本経営合理化協会出版局　発行」より転載）

三 財産告白

(一) 本多式貯金法

㊀ 貧乏征伐の決意

私は少年時代から学生時代にかけて、ひどい貧乏生活を続けてきた。そうして、貧乏なるが故に深刻な苦痛と堪えがたい屈辱をなめさせられてきた。そこでまず、なんとしてもこの貧乏生活から脱却しなければ、精神の独立も生活の独立も覚束ないと考えた。

明治二十五年ドイツ留学から帰って、東京大学の農学部助教授になったのが、私の満二十五才の時である。年俸八百円（現在、約三百万円）。戦艦費や恩給基金等の控除があって、本当の月給は五十八円（約二十一万三千円）ほど。

当時すでに私は一家を構えていたが、まずこれだけあれば、大学教官としての体面を保つ生活は十分とされた。普通に暮らしていけば、まあ一パイ一パイというところであった。ところが、にわかに寄宿者がふえ、全家族九人を数えるまでになった。いかに物価の安い頃とはいえ、これではどうにも動きがつかない。

こういった同勢九人を抱えての私は、これではいつまでたっても貧乏から抜けられない、貧乏を征服するには、まず貧乏をこちらから進んでやっつけなければならぬと考えた。貧乏に強いられてやむを得ず生活をつめるのではなく、自発的、積極的に勤倹貯蓄をつとめて、逆に貧乏を圧倒するのでなければならぬと考えた。

そこで断然決意して実行に移ったのが、本多式「四分の一天引貯金法」である。苦しい苦しいで普通の生活を続けて、それでもいくらか残ったら…と望みをかけていては、金輪際余裕の出てこよう筈はない。貧乏脱出にそんな手温いことではとうてい駄目である。いくらでもいい、収入があった時、容赦なくまずその四分の一を天引きにして貯金してしまう。そうして、その余りの四分の三で、一層苦しい生活を覚悟の上で押し通すことである。これにはもちろん、大いなる決心と勇気が必要である。しかも、それをあえて私は実行したのである。

すなわち、一ヶ月五十八円（約二十一万三千円）の月給袋の中から、いきなり四分の一の十四円五十銭（約五万三千円）を引き抜いて貯金してしまう。そうして、その残りの四十三円五十銭（約十六万円）で一家九人の生活を続けることにしたのである。

この一ヶ月十四円五十銭（約五万三千円）の天引が、後に数百万円（約百億円前後）の資産を積む第一歩となったのだから、われながら大いにおどろく次第である。

㊁本多式「四分の一」貯金

「本多式四分の一貯金法」は、決して本多の発明ではない。すでに二千五百年も昔にお釈迦様が御経の中でも説いておいでた。江戸時代でも松平楽翁公や二宮尊徳翁、その他幾多の先輩が奨励してきた貯金法（分度法）と一致している。ただ、その実行を偶然私が思いついたまでである。貯金の問題は、要するに、方法の如何ではなく、実行の如何である。

ところで、私のやり方をさらに詳述してみると、「あらゆる通常収入は、それが入ってきた時、天引四分の一を貯金してしまう。さらに臨時収入は全部貯金して、通常収入増加の基に繰り込む」法である。これを方程式にすると、

貯金＝通常収入×四分の一＋臨時収入×十分の十

ということになる。つまり月給その他月々決まった収入は四分の一を、著作収入、賞与、旅費残額などの臨時分は全部を貯金に繰り込む。こうして、また次年度に新しく入ってくる貯金利子は、通常収入とみなしてさらにその四分の一だけをあとに残しておく。これが、私の二十五歳の時から始めた貯金法である。苦しい上にもさらに苦しさを求めたのだから、初めの生活はまったくお話にならぬ苦しさであった。しかし、私は発頭人でもあり、家計は一切妻に託したので、比較的に平気ですまされた。

私はこの計画は、あくまでもしっかりした理性の上からきている。気の毒だとか、かわいそ

うだなどということは、単に一時的のことで、しかもツマラヌ感情の問題だ。この際この情けに負けてはならぬと歯を食いしばった。そうして、四分の一貯金を続けていけば、三年目にはこれこれ、五年目にはこれこれ十年目にはこれこれこれになる。今の苦しさは、苦しいのを逃れるための苦しさだから、しばらく我慢してくれと家内の者を説いたのである。

まったく、私のやり方は無理の様でけっして無理ではない。給料四十円貰ったら、三十円しか貰わなかったと思って十円天引すればよろしい。米が四俵穫れたら、三俵しか穫れなかったと思って一俵分を別にすればよろしい。米の方は今年より来年が殖えるというわけにもいかぬが、給料の方ならまず順当にいけば必ず殖える。辛抱しさえすればだんだん天引き残余が増してくるのである。

しかも私の場合、私と同じくらいの家族を抱え、現に三十円の収入で生活している人々も多かったので、私はただ生活の出発を一段下げた所から始めるとさえ考えればよろしかったのである。

ホンの一回、最初の出発点において、何人もまず四分の一の生活切り下げを断行してください。ただそれだけですむのである。何事も中途でやり直すことは難しい。最初から決めてかかるのが一番楽で、一番効果的である。

㈢ブレンタノ博士の財訓

私は林学博士の肩書が示すように、大学ではもっぱら林学を担当してきた者であるが、ドイツ留学では、ミュンヘン大学で有名なブレンタノ先生の下に財政経済学を専攻してきたのであった。ドクトル・エコノミープブリケーの学位は、実はその時の土産である。

そのブレンタノ博士が、私の卒業帰国に際して、

「お前もよく勉強するが、今後、今までのような貧乏生活を続けていては仕方がない。いかに学者でもまず優に独立生活ができるだけの財産を拵えなければ駄目だ。そうしなければ常に金のために自由を制せられ、心にもない屈従を強いられることになる。学者の権威も何もあったものでない。帰朝したらその辺のことからぜひしっかり努力してかかることだよ」

といましめられた。

ところで、当のブレンタノ博士自らは、どうであるかというに、大学の経済学教授として立派な地位を保たれていたばかりでなく、その説く所をすでに実行して、四十余歳で早くも数百万円（約百億円前後）の資産家になっていた人なので、私はこの教訓を身にしみて有難く拝聴してきたわけである。

ブレンタノ博士は、さらにこういうことを言われた。

「財産を作ることの根幹は、やはり勤倹貯蓄だ。これなしには、どんなに小さくとも、財産と

名のつくほどのものは拵えられない。さて、その貯金がある程度の額に達したら、他の有利な事業に投資するがよい。貯金を貯金のままにしておいては知れたものである。それには、今の日本では―明治二十年代―第一に幹線鉄道と安い土地や山林に投資するがよい。幹線鉄道は将来支線の延びる毎に利益を増すことになろうし、また現在交通不便な山奥にある山林は、世の進歩とともに、鉄道や国道県道が拓けて、都会地に近い山林と同じ価格になるに相違ない。現にドイツの富豪貴族の多くは、決して勤倹貯蓄ばかりでその富を得たものではない。こうした投資法によって国家社会の発展の大勢を利用したものである」

そこで私は、まず四分の一天引貯金の断行をし、それから、このブレンタノ博士の貨殖訓をおもむろに実行に移すことにした。

㊃月給と利子の共稼ぎ

こういう風にして私の四分の一天引貯金生活は始められた。二、三年たつと預けた金の利子が毎年入ってくる。これは通常収入になるので、その四分の三は生活費に回すことができる。つまり月給と利子の共稼ぎになるので、天引生活はいよいよ楽に続けられることになってきた。これでまずまず私も一家もひと安心というわけである。

人間の一生をみるに、誰でも早いか晩いか、一度は必ず貧乏を体験すべきものである。つまり物によって心を苦しまされるのである。これは私どもの長年の経験から生まれた結論である。子供の時、若い頃に贅沢に育った人は必ず貧乏する。その反対に、早く貧乏を体験した人は必ず後がよくなる。

つまり人間は一生のうちに、早かれ、おそかれ、一度は貧乏を通りこさねばならぬのである。だから、どうせ一度は通る貧乏なら、できるだけ一日でも早くこれを通り越すようにしたい。ハシカと同じようなもので、早く子供の時に貧乏を通り越させてやった方が、どれだけ本人のためになるかわからぬ。まことに若い時の苦労は買ってもやれといわれているが、貧乏に苦労し、貧乏しぬいてこそ、人生の意義や事物の価値認識を一層深めることができるのである。貧乏したことのある人間でなければ、本当の人生の値打ちはわからないし、また堅実に、生活の向上を目指していく努力と幸福は生じてこないのである。

貯金生活を続けていく上に、一番のさわりになるものは虚栄心である。徒に家柄を誇ったり、今までの仕来りや習慣にとらわれることなく、一切の見栄をさえなくすれば、四分の一天引生活ぐらいは誰にでもできるのである。自分のネウチが銀もしくは銅でしかないのに、暮らしの方は金にしたい。金メッキでもいいから金に見せかけたい。こう言った虚栄心から多くの人が節倹できないのである。銀はどうせ銀、銀なりに暮らせばいいのであるが、さらに人生をより安全にし、生活をより健全にしようとするならば、むしろ一歩退いて——事実は一歩を進めて——

実力以下の銅なり、鉄なりの生活から出発していくべきだろうではないか。戦後の何もかも新規蒔き直しの生活には、特にこの決心と勇気が必要であると思う。

㊄三十株から山林一万町歩へ

天引き貯金によって相当にまとまることになった資金で、最初にまず、ブレンタノ博士の仰せに従って日本鉄道株（上野青森間—私鉄時代）を買い入れた。

たしか十二円五十銭（約四万六千円）払込みのもの三十株だったと記憶するが、それが間もなく三百円にふえた時、払込の二倍半で政府買い上げとなった。年々一割の配当を受けつつ私の貯金の一部が早くもここに、三万七千五百円（約一億四千万円）となったわけである。明治時代の三万何千円はとても大したものであった。これだけでまず一財産ということができた。しかもその元はと言えば僅かな俸給の四分の一天引である。私は特にここで貯金を馬鹿にしている一部の人々にこのことを強調したい。—国家の敗戦とそれに伴うインフレーションといった大変事さえなければ、やはり貯金の力は絶対偉大である。

秩父の山奥（中津川）の山林買収

・一町歩　タッタ四円（約一万五千円）前後で八千町歩（約二千四百万坪）購入　↓

さらに一万町歩（約三千万坪）まで買い増し。

・日露戦争後の好景気で、立木だけを一町歩二百八十円ずつで一部を売却（まさに買値の七十倍）。

・ある年は、年収二十八万円（約十億円）で、淀橋税務署管内でナンバーワンとなる。物事は程度をすぎると必ずそこに余弊が生じる。そこで私はハッと気づくところがあり、財産を作る問題の次は、財産を処分する問題だと考え始めたのである。

㈡ 金の溜め方・殖やし方

㈠大切な雪達磨の芯

いったい人間というものは、金を持つことがいいだろうか、わるいだろうか。必要な金は持つがよろしい。欲しい金は作るがよろしい。—その答えは、しごく簡単である。ただ問題は、その方法よろしきを得るということである。あくまでも自力によって、筋の通った正しいもののみを受け入れ、これを積み立てることである。ところが、その積立てには、おのずからある限度がある。その限度を超えると、幸福の源泉である筈の金が、かえって不幸の源泉となってくる。財産というものの在り方に、なかなか難しい問題がともなってくるのはここである。

とにかく、金というものは雪達磨のようなもので、初めはホンの小さな玉でも、その中心となる玉ができると、あとは面白いように大きくなってくる。少なくとも、四分の一天引貯金で始めた私の場合はそうであった。これは恐らく誰がやっても同じことであろう。

だから、私は確信をもって人にもすすめてきた。どんなに辛い思いをしても、まず千円（約四百万円）をお溜めなさい。千円溜まれば、たちまち五千円（約二千万円）溜まり、五千円溜まれば間もなく一万円（約四千万円）にはいとやすいことである。

ここまでくれば金が金を生み、金がある所にはまた色々いい知恵も出てきて、いよいよ面白い投資口も考えられてくる。こうなるともう、すべては独りでに動き出し、やたらに金が殖えてきて、殖えてきて、われながら驚くものである。

実際の話が、前にも述べたように、二十五歳から始めて、本多式貯金法の一手で押し通してきた私は、十五年目の四十歳になった時には、大学の俸給よりは、貯金の利子や、株式配当の方がズッと多くなり、三十年過ぎた六十近い頃には、数百万円（約百億円前後）の貯金、株式、家屋等の外、田畑、山林一万余丁歩（約三千万坪）、別荘地住宅六ケ所という、かねて自分がひそかに予想していた以上に、はるかに大きな財産を所有することになったのである。

しかもこれには、少しのムリもなかった。自ら顧みて、ヤマしいところなぞはもちろんない。否、かえって、経済的な自立が強固になるにつれて、勤務の方にもますます励みがつき、学問と教育の職業を道楽化して、いよいよ面白く、人一倍に働いたものである。つまり、この身分不相応な財産のすべては、職業精励の結果、自然にたまりたまってきた仕事の粕だったのである。

(二)同僚から辞職勧告を受ける

それは大学奉職中のなかばに属することであるが、東京大学などが中心に、学士会館創設の議が起り、教授、助教授連も応分の寄付を仰せつかった際のことである。

その時、私も応分のつもりで、鈴木梅太郎君(ビタミンB1のオリザニンを世界で初めて発見した農芸学者)とともに金一千円(約三百七十万円)の寄付を申し出た。それがはからずも大問題となった。少なすぎるというのではない。多すぎるというのである。

鈴木君の方は某製薬会社の顧問をしていて、金のあることは別に不思議ではないが、本多の一千円というのは不思議である。一介の教授がどうしてそれほどの一時金が出せるのだろう。われわれは俸給の中から、五円、十円の月賦にして、しかも五十円、百円の割り当てすらちょっと出しかねているのに、本多にはどうして一千円という大枚が投げ出せるのだろう。大学教授の癖に、本多の奴は、きっと何かの相場でもやっているに違いない、けしからん、学者の風上にもおけないと、農科大学内に大変な物議をかもしてしまったのである。

その結果は、気の早い者の部内決議となって、私の所へさっそく辞職勧告状が持ち込まれてきた。代表として私の研究室へ押しかけて来たのは、先輩にあたる横井時敬君ともう一人長岡宗好君であったが、これにはさすがの私も面食らって唖然とした。

しかし、その理由の当否はしばらく別にして、ともかく、部内一致で辞職を求められるのは、本多としてもまず自らの不徳を顧みなければならぬ。何もいわぬ、潔く辞表を認めようとキッパリ答えた。ところが、金一千円の寄付の出所が不審で、しかも不浄財と疑われては、この本多もはなはだ心外である。辞職は辞職、金は金、このところは、大いに弁ぜざるべからずと考えた。そこで、

「さて、これで君らの使命は達せられた。こんどは、こちらからのお願いである。友達甲斐にぜひ、寄付金の出所を改めて調べてもらいたい」

というので、無理やり横井君と長岡君とを引っ張って家へ帰った。そうして、すぐさま女房に言いつけて、

「任官以来の家計簿をみんな持ってこい、それに貯金帳と株券もだ」

と、和綴になった何十冊もの大きな帳面と関係書類を両君の前へ積み上げた。

今度は横井君らが面喰ってしまった。山と積まれた家計簿の第一冊から、何円何十何銭の収支が巨細にわたってキチンと記入されている。ここで月給がいくら、ここで支出がいくら、こ

こで旅費の残額がいくら、ここで貯金が何程と、どこを開けても、どの年の決算をみても、一目瞭然――しかも、わが女房を褒めるでないが、堂々たる男まさりの達筆で認（したた）められている――その時の貯金総額がいくらいくらといえば、その時の日付の貯金残高を合計すると、一々ピタリと符合する。

これには、二人もドギモを抜かれたかたちで参ってしまった。「いやァ、これは」と両手をついてしまった。ここで私は、四分の一貯金の苦心とその効力を両君にくどくどと説き聞かせ、その結果がいまこれこれの額に達して、一切がこの本多の正直な汗とあぶらの働き粕だと、何万何千円の財産所有高を公開に及んだ。

「この中から、本多としての分相応な一千円である。諸君はこれでも本多の寄付をけしからんというのか」

と、きめつけた。

その夜両君とも平謝りに謝って帰っていったが、私は言明通り翌日辞表を持って出掛け、横井君たちを悪戯半分に困らせてやった。

これ以来、私と横井は一ぺんで大の仲良しになってしまった。

ここで、私は今さらに偉大なる家計簿の功徳を知らされたのであるが、横井君はその後、わざわざ奥さんを寄こして、家計簿のつけ方を教えてもらいたいとまで申し込んできた。皆さんにも、貯金を作る生活は、まず、家計簿をつける生活から始まらねばならぬことを、特に力説しておきたい。

㊂アルバイトの産物

勤労生活者が金を作るには、単なる消費面の節約といった、消極策ばかりでは十分でない。本職に差し支えない限り、否本職のたしになり、勉強になる事柄を選んで、本職以外のアルバイトにつとめることである。

私のアルバイトは、「一日に一頁」の文章執筆の「行」によって始められた。

それは満二十五歳の九月から実行に入ったことで、私は四分の一貯金の開始とともに、一日一頁分（三十二字詰十四行）以上の文章、それも著述原稿として印刷価値のあるものを毎日書きつづけ、第一期目標五十歳に及ぼうというのであった。これには、貯金と同じようにあくまでも忍耐と継続とが大切で、最初はずいぶん苦しかったが、断然やり抜いた。

一週間旅行すると七頁分もたまる。あとの一週間は一日二頁ずつにして取り返えさなければならぬ。年末俗事に煩わされて時間を喰ってしまうと、翌年からは元旦早朝に学校へ出掛けていって、十枚、二十枚の書きためさえやった。次第になれ、だんだん面白く、しまいには、長期旅行をするのに、いつも繰り上げ執筆ですまされるようになった。

ところが、四十二歳の時、腸チフスにかかって赤十字病院へ入り、三十八日間、この「行」を休まされてしまったので、それを取り返すために一日三頁ずつに改め、退院の翌日から再び馬力をかけた。そうしてこれがいつしか新しい習いとなり、一日三頁分、すなわち一ヵ年千頁というのが、知らず識らずの中に第二の取り決めになってしまった。もう第一期限の五十はとうに過ぎ去ったが、八十五の今もってこのアルバイトを続けているので、つまらぬ本も多いながら、中小三百七十余冊の著書を生み出すことができたのである。

この著述活動の外には、私はさらに、世間でよく言われている「学問の切り売り」をやった。「学問の切り売り」というのはもちろん悪口の意味で使われている言葉であるが、私は私の確信によって切り売りであろうが、卸売りであろうが、学問をもって立つものが、買い手の求めに、それを正々堂々と売ることにした。またそれが、学問を実際に役立てる所以であるとも考えたのである。

そこで私は大学の本務のかたわら――本務は決してなまけるようなことはなかった。むしろ人一倍精励して、学生に対する講義など一度も休講したことがない。――東京府、市、内務、文部、鉄道等の諸官庁嘱託を引き受け、また早稲田大学その他の学校講師をかけ持ちした。さらに余暇がある場合は、民間実業家の財務や事業上の相談にも応じた。要するに、なんでも働けるだけ働き抜く――これが私のアルバイトであり、また確信をもって貫くアルバイト精神でもあった。

㊃貯金から投資へ ―時節を待つこと

しかしながら、実をいうと節約貯金や本業かたわらのアルバイト収入といっても、ただそれだけでは大したことにはならないのである。人間一生の収入を全部積み上げても高が知れている。かりに、私の大学在職三十七年間の俸給を一文残らず四分利で貯金してみたところで、その計算はやっと十九万円（約四億七千万円）そこそこにしかならない。

それが、私の場合でも、前に述べたようにわれながら驚くほどの結果となったのは、貯金とアルバイトの集積が、雪達磨の芯となって次第次第に大きくなってきたためである。つまりは、何人も「貯金の門」をくぐらずに巨富には至りえないのである。

貯金とアルバイトで雪だるまの芯を作る。さて、その後をどうするのか。これからが「致富の本街道」である。新しく積極的な利殖法を考えることである。

それは断じて「投機」ではない。「思惑」ではいかん。あくまでも堅実な「投資」でなければならぬのだ。

何事にも成功を期するには、ぜひこれだけは心得おくべしといった、大切な書生信条の一つを披歴しておく。それは、何事にも「時節を待つ」ということだ。焦らず、怠らず、時の来るのを待つということだ。投資成功には特にこのことが必要である。

三 最もむつかしい財産の処分法

一 財産蓄積に対する疑惑

さて、私の「財産告白」も、いかにして財産を作るかの問題から、いかにして財産を処分するかの問題におのずから入ってきたようである。

金を貯めてどうする？　財産を拵えて、はたしてなんにしようというのか。

これは、金を貯めた者も、溜めない者も一様に取りあげてみる問題である。ことに金をため、財産をこしらえる人々を側からみて、金をためず、財産もこしらえない――その実は、金もたまらず、財産もこしらえられない――人達の心配となり、陰口と好話題となるのであるが、ご本人としても、実は年配とともにいささか気になりだす自己疑惑である。

むかし、渋沢栄一翁が埼玉県人会のある席上で、私が例の職業道楽論を一席述べた後に起たれて、

「若い頃自分の故郷に、阿賀野の九十郎という七十いくつになる老人があって、朝早くから夜晩くまで商売一途に精をだしていたが、あるとき孫や曾孫たちが集まり、おじいさん、もうそんなにして働かないでも、うちには金も田地もたくさん出来たじゃないか。伊香保かどっかへ湯治にでもいってゆっくりしたらどうですとすすめたところ、九十郎老人の曰く、おれの働くのはおれの道楽で、今さらおれに働くなというのは、おれにせっかくの道楽をやめろというよ

うなものだ。まったくもって親不孝の奴らだ。それにお前たちはすぐに金々というが、金なんかはおれの道楽の粕なんだ。そんなものはどうだっていいんじゃないかといわれた。――諸君も本多の説に従って盛んに職業道楽をやられ、ついでに、また盛んに道楽の粕をためることです」

と述べられたが、ともかく、金なんて問題でないという人も、あまり粕がたまってくると、時としてどうしたものかといった心配もでてき、はたの連中まで気をもみだす。

この問題について、実は私も心ひそかに考え抜いてきたのであった。

㈡子孫の幸福と財産

いったい、財産をつくる目的の最初は、だれしも生活の安定とか、経済の独立とかにおかれるものであるが、それがいつしか、「子孫の幸福」につながる親心に発するものとなってくる場合が、大部分である。

すなわち、できるだけ多く財産をこしらえて、できるだけ多く子孫に伝えたいといった世俗的な考えに変化してくるものである。恥ずかしながら、私にも多少そうした愚かさが萌さないでもなかった。私もわが子孫の幸福について考えるに、まず子孫を健康に育て、完全な教育を施し、かつ相当な財産を分与してやりさえすれば、それで十分幸福にさせられるものと早合点したのである。これは甚だ間違った考えで、最後の相当の財産の分与などはまったく顧慮する必要がなく、それはかえって子孫を不幸に陥れるものだと漸次気づくに至ったのである。「幸福とは何んぞや」という問題になると、少しやかましくなるが、それはけっして親から譲ろうと思って譲れるものでなく、また貰おうと思って貰えるものでもない。畢竟、幸福は各自、自分自身の努力と修養によってかちえられ、感じられるもので、ただ教育とか財産さえ与えてやればそれで達成できるものではない。

健康も大切、教育も大切、しかし、世間でその中でも最も大切だと早合点している財産だけは全く不用で、それよりももっともっと大切なのは、一生涯絶えざる、精進向上の気魄、努力奮闘の精神であって、これをその生活習慣の中に十分沁み込ませることである。

財産がいくらかできてきて、その財産と子孫の幸福とを関連させて静かに考えた時、私は遅播きながらこうした結論に達したのである。

さらに一歩をすすめて、社会環境というものを考察するに、たとえある程度の財産を分与することが子孫幸福の基となるとしても、今後は遺産相続税率の累進、または国家没収に類する新法案の出現で、事実上これを子孫に譲ろうと思っても譲れなくなる。なお幾らか譲れたとしても、必ず不労所得税などの新設強化で、親譲りの財産などは何ら利益をもたらさないのみか、かえって無用の負担とならぬとも限らぬ。それよりも子孫は子孫をして、己の欲するまま、自由に奔放に活動し、努力せしめる方がどれだけいいか分からぬ。そうであるから、子孫を本当に幸福ならしめるには、その子孫を努力しやすいように教育し、早くから努力の習慣を与え、かつできるだけ努力の必要な境遇に立たしめることであると、これまた同じところへ結論づけるに至ったのである。

ここで、私も大学の停年退職を機会に、西郷南洲の口吻を真似するわけではないが、「児孫のために美田を買わず」と、新たに決意を表明、必要による最小限度の財産だけを残し、他は全部これを学校、教育、公益の関係諸財団へ提供寄付することにしてしまったのである。この場合、前にも一度あった例にかんがみ、世間の誤解を避けるために、またその寄付に対する名誉的報奨を辞退するために、匿名又は他人名を用いた。

これが、私の考えぬいた上の財産処分法でもあり、またかねてから結論づけていた「子孫を幸福にする法」の端的な実行でもあったのである。

㊂秘められた安田翁の大志

財産の拵え方も難しいが、財産の上手な使い方はさらに難しい。この問題について、かつて私は、単刀直入に、故安田善次郎翁に訊ねてみたことがある。

それは大正十年の九月、大磯の安田別邸に出掛けてであった。その際、八十四歳の善次郎翁は、

「今でも自分は金儲けを考えている。考えているばかりでなく、やかましく店の者にいいつけて実行させている。だから、世間ではこのわしを守銭奴か何かのように非難しているが、おかしなハナシではないか、若い者の商売熱心を褒めつつ、老人の商売熱心をとやかくいうなんて、銀行家の自分が最後まで銀行家として働くにどこが悪いのだろう。自分には甚だそれが解せない。金を殖やすだけで減らさぬのを世間はやっかむのかも知れぬが、実は自分は、少しでも殖やし、少しでも多くし、それをできるだけ効果的に使おうと苦心しているのであって、今にして金儲けがやめられぬのも、その志が大きいからである」

といわれた。そうして、一生を懸けて真剣にためてきた金だから、最後の思い出に、真剣に使いたい。何か最も有意義に使いたい。そこで今、実はかくかくの案を立てて、かくかくの人々に相談してみようと思っているのだと、いろいろその内容について洩らされた。

私はそれを聞いて、かつ驚き、かつ喜び、お互いに手を取り合って感激の涙の中に別れたのである。それから、十日たつかたたぬかに、あの兇変である。（大正十年九月二十八日、安田翁は大磯において、理由なき寄付金の申し入れを断り、朝日平吾なるもののために刺殺された）私はこの報を知って、思わず飛びあがった。そうして、なんたることをする奴だと、朝日某の暴挙を心からにくんだ。

今さら、その際の善次郎翁の大志を披露しても詮ないことである。老人には老人相応の夢がある。一代の商傑には、一代の商傑でしかたくらみえない大きな野望がある。世間というものは、どうしてこう出しゃばりやおせっかいばかりが多く、なぜこれを静かに見守って、心いくまで、その夢を実現させてやれないのだ。

ことに日本の社会は、欧米に比してこの出しゃばりとおせっかいが甚だしい。金持ちに気持ちよく金を使わせてやる雅量に乏しい。だから、なかなか有終の美を発揮する立派な金満家も出てこないのである。

当時、私は憤慨のあまり、この意味のことを、機会ある毎に、躍起になって書き立て、しゃべり立てたものであるが、この考え方は今に少しも変ってはいない。

㊃自我と財産家の悲哀

余談にわたるかもしれぬが、私の財産告白に、ここでちょっと話題にでた安田翁の財産告白をも少し挿入しておきたい。

安田翁致富の基は、いうまでもない勤倹貯蓄である。これはブレンタノ先生の教えられた通りで、私の場合でもそうであるごとく、また一代の金傑安田の場合でもやはりそうであった。しかもその勤倹貯蓄の達成は、いったんこうと定めたことを、「意志の力」であくまでも押し通すことにおいてもまた一致している。安田翁は何事にも、ひとたび意を決して着手した以上は、いかに骨身をくだいても必ず為し遂げるまでは止めなかった。

しかも財産増殖はその本業とするところでもあったから、一度ものにし遂げた上は、さらにその仕事を十分に踏みかためて完全に我が物としてしまった。それから、新しくさらに朝に一城を抜き、夕べに一城を陥れるといったあんばいであった。この間の消息を翁自ら告白して、今日まで、事にあたり、こうと見込んで、その見込み通り仕遂げなかった例は一度もないといっていた。

まさに驚くべき頑張りで、この頑張りがあったればこそ、一代にしてよくあの巨富を積み得たのである。

『財産はいくら積んだとて、あの世に持っていけるものでもない』

世俗によく使われるこの言葉を、安田翁も心安い私などには冗談めかしてよく使われ、持って行けなければこそ、老後にその処分法、その活用法を真剣に考え抜かれたわけである。

しかし、惜しいかな、安田翁の場合は今少しというところで、とんだ邪魔が入ってメチャクチャになってしまった。まことに故翁のためにも、世の中のためにも残念なことであった。もし天が許せば、あれほど財産を作るに自我に強い人であっただけに、また財産を使うにも強い自我を示されたことだったろう。

私はこのことにかんがみ、いささか財産処分の期を早めて実行したのでもあるが、また死後にしてほしいいろいろな用意の指示なども、その後、毎年末に必ず遺言状としてしたためておくことにした。
さらに子供らへの、遺産分配のごときも、僅かながら、いわゆる「生き形見」としてできるだけ早く引き渡し済にした。―これで子供達が、私の死ぬのを待っている何らの必要もなくなったというわけである。

（この項、「人生と財産　本多静六　著　日本経営合理化協会出版局　発行」より転載）

四　FP長谷尾の眼　～なぜ静六なのか～

人生設計（ライフプラン）の必要性を感じてある方には、これ以上の指南書はないと思っています。

・人生計画がなぜ必要か
・人生計画はいかに立てられるべきか

・人生計画の実践
・お金の溜め方・増やし方
・財産処分法
等々が、一連の流れで書かれています。みなさんにとっては、大いに参考になることばかりです。

とはいえ、一番最後の「財産処分法」は私には必要ありません。処分するほどの財産はありませんし、「生涯現役で百歳まで」を標榜する私にとっては、長生きすると、資金不足の心配が…。

・第二次人生計画

七十九歳（一九四五年）の時に「第二次人生計画」を立て直されています。人生を四分割にして、百二十歳までの計画です。今でこそ、百歳以上が、八万四百五十人（二〇二〇年九月・厚生労働省データ）ですが、当時は百歳とか百二十歳とか考えられない時に、計画では百二十歳です。なんと先見性の良いといいますか、今の時代を見据えた計画です。

逝去に先立つ一週間前、信頼する実業之日本社の編集者、寺澤榮一氏を枕元に呼び、次のような言葉を残されています。

「私は私の読者に、改めて一言贈りたい。私はまだ生きるつもりにしているが、人生必ずしも意の如く運ぶものとは限らない。そこで、選んでもよし、選ばないでもよし、人は常に最善の用意をしておかなければならぬ。これが人生即努力の所以である。私は百二十歳まで生きるつもり、また生きてもよいつもりで、私の人生計画を樹てた。そしてそのように、努力を続けてきた。今ここで再び起たぬことになったとしても、これはけっして無意義に終わったものとは考えない。百二十を目標とした八十五年（満）の充実は、本多静六にとって、満足この上もない一生だ。努力即幸福に対する感謝の念は一杯である。

どうか読者諸君も誤解のないように願いたい。百二十を目標に樹てた人生計画は、百二十まで生きなければ未完成というものではない。八十でも九十でも、いや六十、七十までしか生きないのでも、立派にこれを生かし、遺憾なく充実を期することができる。いつどこで打ち切りになっても悔いるものがない。人生即努力、努力即幸福、これは人寿の長短にかかわりなく絶対だ。私はこの際、とくにこのことに念を押しておきたいと思う」

特に、最後の五行を肝に銘じて生きていきます！

・本多式四分の一貯金法

先日、NHKの朝のニュースで、二十年勤務の四人家族の男性の話がありました。入社時は、十六万八千円の給与が、二十年後の今、二万円しかアップしていないそうです。その中から、奨学金の返済も行なっているとのこと。バブルの崩壊した二〇〇〇年以降の給与はほとんど金額が変わっていません。

「本多式四分の一貯金法」を初めて知った時は、本当にいい方法だと思いました。でも先程の男性の話を聞くと、なかなかお薦めしにくいですね。でも、「初めは貯金ありき」と静六博士も言われています。

今まで、セミナーや人生設計つくりでお話ししたお客様のなかで、この「四分の一貯金」を実行してある方が一人ありました。奥様の話によると、御主人が静六博士のこの話を知って始められたそうです。

そこで、四分の一貯金からのヒント（私案）です。

二十二歳入社から六十歳定年まで三十八年勤続。

この間、四分の一貯金をすると

三十八 ÷ 四 ≒ 九年

従って、四分の一貯金で九年分が貯まります

すると六十歳定年から九年後、六十九歳までは、四分の一貯金で生活できます

六十五歳から公的年金を受給すると、

六十五歳から六十九歳までは五年分の公的年金が残ります。

六十九歳から五年後、七十四歳までは、収入が無くても五年分の公的年金でＯＫ

という思いにいたります。

ただ本文にも書かれていますが、『ホンの一回、最初の出発点において、何人もまず四分の一の生活切り下げを断行してください。ただそれだけですむのである。何事も中途でやり直すことは難しい。最初から決めてかかるのが一番楽で、一番効果的である。』

第四章　ＦＰ長谷尾の実践

一　お客様の実践

㈠ ㈱福岡ビル開発「社員研修」

この会社は福岡市博多区にあり、ビル清掃の会社です。

当時のわが社のニュースレター「人生の種銭」より

※二〇一一年六月号

弊社・ＦＰお客様相談室がある博多駅前四丁目の同じ町内に、㈱福岡ビル開発はあります。ビルの清掃・管理が業務内容です。西依有一社長とは、再生クラブ『人生設計コース』講座でご縁を頂きました。その時に『命を大切にすることを、改めて気付かされました』と言って頂きました。四月中旬頃『社員の勉強会で人生設計のお話しを』と、ご依頼を受けました。

五月二十日勉強会の二十分ほど前に行くと、「マスターズ技能会」と書いた横断幕が掛けてありました。社員の皆様の作業競技会が開催されていました。サービスアップと技術の向上を目的として、毎年行われていて、今年で第九回だそうです。

日常業務におけるトイレ清掃と床清掃の二つの競技です。雑巾を持っての机の拭き方ひとつとっても、「ああ、そうなんだ」とあらためて教えられました。

午後四時からFP長谷尾が講師をさせて頂き『人生設計・自分の夢』について、まずは簡単なご説明のあと、〝夢・目標〟を書いて頂きました。みんな真剣な表情です。三ヶ月後の楽しい仕掛けをして、無事終了です。その後、競技会の表彰と懇親会にも参加させて頂きました。

FP長谷尾の使命（ミッション）は、社長と社員とその家族を幸せにすることです。その為に、社員のみなさんの『仕事と家庭のゴールを見つける人生設計つくり』を、会社でバックアップして頂きたいと考えています。でも社員さんの人生設計までをお考えの経営者は、まだまだ少ないです。そんな中今回は、社員・パート合わせて三十名で、今までこんなに多くは初めてです。

※二〇一一年十二月号

先月十八日㈱福岡ビル開発（西依有一社長。博多区博多駅前）の社員教育の一環で『人生設計・社員の夢』の講座を開催。実は五月に開催し、今回が二度目です。中国からの留学生を含め二十歳～六十歳代の社員・パートさん合わせて約三十名。

まずはこれから三十年を考えて頂きました。いきなり三十年と言ってもイメージも難しいです。そこで大久保利通の明治政府の三十年構想を説明して、十年単位に区切って考えて頂きました。中には「私はこれから三十年も必要ない」と言われた方もあります。でも先日の博多倫理法人会で㈱キシヤの末石会長の講演で『百二十歳まで生きる覚悟をして下さい。そうでないと生きるエネルギーが止まります。』と話をされました。三十年も必要ないと思うか、百二十歳まで生きると思うかで、人生は大きく違うと思います。（因みに私は『生涯現役・百歳まで』です。話が横道にそれました。）でも「三十年を考えるのに、十年ごとに区切って考えるとイメージが出来ました」というご意見も頂きました。その後は五年の目標を五区分に区切って作成でした。

研修会の感想の中で、西依社長が「朝、目が覚めるのをハラハラ、ドキドキします。」と話されました。色々意味合いはあると思いますが、朝がくると当たり前に目が覚めると思っている自分ですが、西依社長のように、朝の目覚めに嬉しさ、感謝があれば、一日一日を大切にされているだろうなと感じました。

今回で二回目のこの研修も、西依社長の「社員のために！」という思いやりが無ければ出来ない事です。経営者ご自身の人生設計つくりでも〝先送り〟されている方が多い中で、本当に社員思いが伝わります。

※二〇一二年六月号

五月十八日に㈱福岡ビル開発（福岡市博多区博多駅東）で三回目の「社員の人生設計」講座を開催。「社員あっての会社。社員を幸せに、社員の夢を実現させてあげたい」という西依社長の篤い思いがあり、それを実行されています。

今回は、渡辺弥栄司著「百二十五歳まで私は生きる」の本の紹介。一部を読ませて頂きました。なぜこの本の紹介かと言いますと、前回社員のひとりが「三十年も先を考えていません」と言われた人があり、生きるエネルギーを持つためには、百歳とかそれ以上生きると言う気持ちが大切だと言うことを伝えたかったからです。

その後は、「夢の共有」をして頂くために皆さんの夢の発表会を行いました。三月から四月にかけて、社員の皆さんに、仕事と家庭の夢を書いて提出頂いていました。社員さんもそうですが、私と社長の間でも、特に誰に発表してもらうことは決めていませんでした。まずは自分から積極的に手を上げた三人から発表して頂きました。その後は手が上がらずに、社長が発表する社員を指名。二人程発表の後、今度は発表した人が次の人を指名することとし、その二人目の社員が、社長を指名されました。これには私もビックリしました。

筋書きもなくこんな感じで進めて行きました。最初は自分から手を上げてくれる社員さんがあるのか不安でしたが、手を上げて頂きました。その後指名された人も発表して頂きました。三十数名の社員とパートさん。ビル清掃ですから、パートさんが多く、しかも現場へ直接行って、作業が終われば直接自宅へ帰る。そんな中で、この夢の発表会は、想像以上に良かったと実感しました。

(二) 航空自衛隊

航空自衛隊の任期制自衛官制度は、自衛官の任用制度の一つであり、採用者（高卒程度を想定）は、まず航空自衛隊の自衛官候補生に採用され、約3ヶ月の教育訓練修了後に2等空士に任期付で任官します。任期は、空自は3年、任期満了時には、引き続き自衛隊でもう一任期勤務するか、民間企業等に就職するかを選択することとなります。

二任期目（入隊二年経過）の任期制自衛官に対し、個人の生活設計の必要性を認識させるとともに、在職中あるいは退職後の人生設計を中心とした将来構想を描き、その実現に向けて自ら取り組むべき課題等を明確に伍することを目的に開催されています。授業は、一日六時間で、二日間の研修です。

二〇一六年九月、新田原基地（宮崎県）で開始。翌一七年には築城基地（福岡県）でも開催。参加者が五十名を超える場合は、二回に分けたの開催です。二〇一九年までに合わせて八回の開催でした。その後はコロナ禍で中止の状態です。

当時のわが社のニュースレター「人生の種銭」より

※二〇一九年二月号

航空自衛隊のライフプラン研修の講師をさせていただくようになって三年、二つの基地で計六回となりました。各回四十～五十名、一日六時間・二日間の研修です。

昨年、二〇一八年は六月に新田原基地、十二月は築城基地で研修がありました。今回は、それぞれ研修最後の時間に「二分間スピーチ」で、決意表明や感想等を発表していただきました。それぞれに自分なりにメモは取っていたのですが、築城基地ではレコーダーに録音させていただきました。

今回のニュースレターはその「隊員の声」を紹介したいと思います。特別にアンケートを取ったわけではありません。「二分間スピーチ」での発言を集計したものです。

まずは「人生設計」についてです。グラフにしてみました。

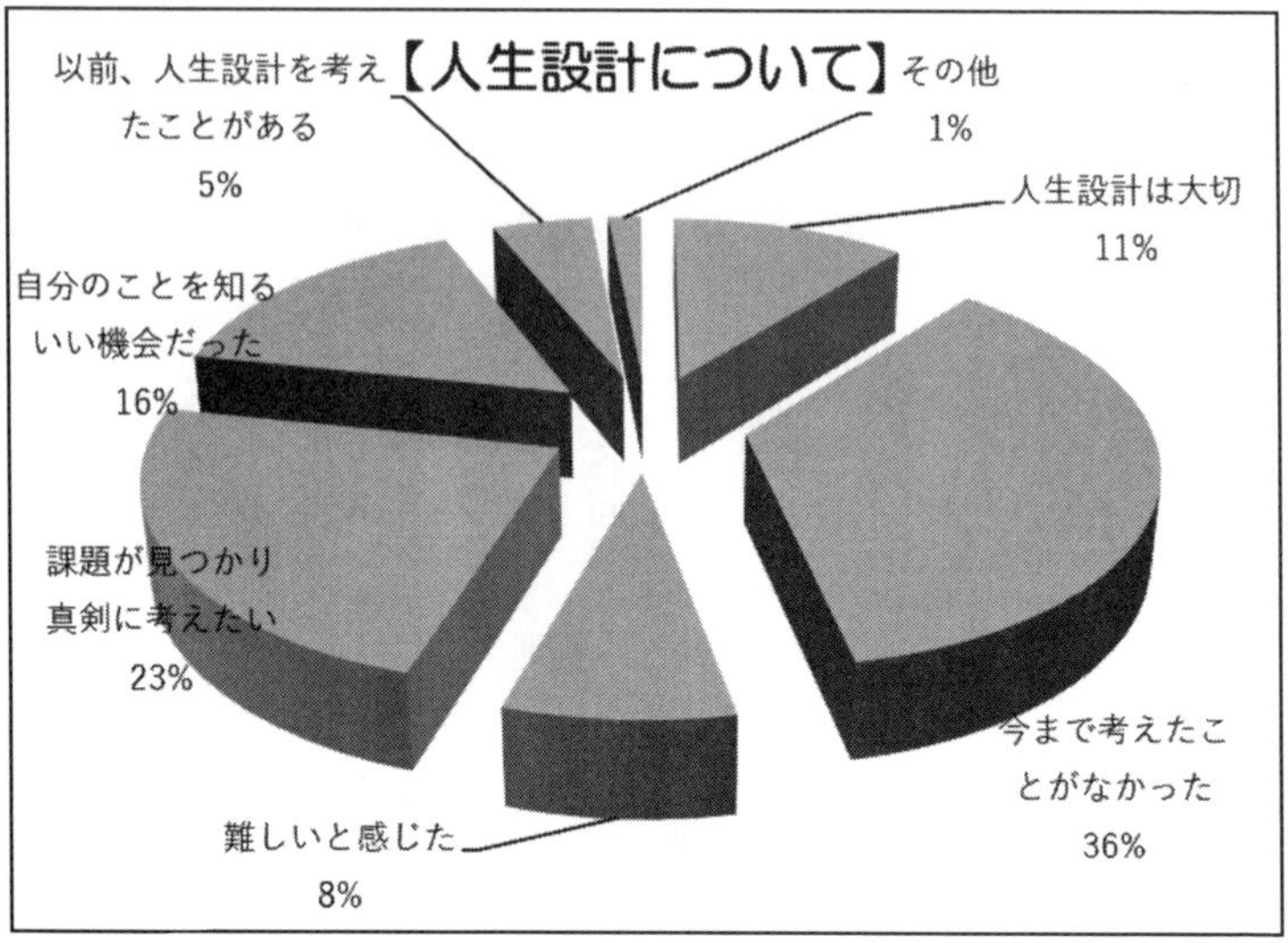
【人生設計について】
以前、人生設計を考えたことがある
5%
その他
1%
人生設計は大切
11%
自分のことを知るいい機会だった
16%
課題が見つかり真剣に考えたい
23%
今まで考えたことがなかった
36%
難しいと感じた
8%

アンケート【研修について】

他の人の意見が聞けた（内容によってはグループ討論しています）
三十年目標やロジックツリーで、過程を考える大切さ
夢がなくロジックツリーが書けなかった
研修前と研修後で考え方が変わった
ワークシートがほとんど書けなかった
どういう自分、将来の自分がわかり、今回の研修を生かしていきたい
有意義だった
自分を見つめ直す機会
難しかった。目標はあったのでもう一度考えたい
家族のために頑張りたい

アンケート【夢について】

夢がない
夢をはやく実現する
海外で仕事がしたい

夢-何をすべきか　もっと考える
一〇〇個の夢が書けなかった
目の前の小さな目標を大切に
夢ややりたいことがなかった
一〇〇個の夢で気付いたことが
一〇〇個の夢ー開き直って小さなことを
夢が出てこなかった
理想の自分に近づけたい
達成する年齢を確認できた
三〇個しか書けないけど、それだけでも夢がある
おじいちゃんの農業を継ぐ
自分の夢→お兄さんの仕事
三〇歳までにお金を貯める
一〇〇個の夢で20個しか書けなかった
ヨーロッパへの夢
英会話の勉強

アンケート【働くこと】

なぜ働くか　自分の存在価値を
なぜ働くか　他の人の考えを知った
障害者の気持ちになって
被災地などのお手伝い
仕事の方向性がはっきりした
従事したい仕事があり、資格取得の勉強中
なぜ働くのか　生きていくためとお金
働く──お金だけでなく人から必要とされる人に
自己分析では理想とかけ離れている
トヨタの話（渡辺元会長社長の入社当時の話）
自分を知る──書くことができなかった
職場で中枢になれるように
自己表現力を努力したい

アンケート【気づいたこと】

時間の使い方　無駄があった

何にしてもまずは率先すること

今までのお金の使い方・大切さ

キャッシュフロー表を見てお金の使い方に無駄がある

人の意見に耳を傾ける

色んなことにチャレンジしたい

お金を含め中途半端が多かったので、覚悟を決めて諦めずに

その場しのぎの生活をしてきた

健康の大切さ

お金—価値観を変える

遠いことと思っていたが、三十年はもう近い

自分のやるべきことがわかった

自分の長所、短所が分かった

投資に興味をもった

退社後の時間を大切に

ロジックツリーで目の前の行動が分かった
計画通りにはいかない

二　私の実践

㈠ 半身浴

二〇一四年六月末博多倫理法人会のモーニングセミナーでスピーチをさせていただきました。その日、㈱キシヤの末石会長に出席いただきました。スピーチ終了後、「長谷尾さん、一人で朝礼や住吉神社への朝の散歩と良い生活習慣していますね。あと一つこれをすれば完璧ですよ」と、書籍を二冊頂きました。そのうちの一冊が『これが本当の「冷えとり」の手引書』（近藤義晴・近藤幸恵　共著。PHP研究所）でした。この本の「はじめに」を読んだだけで、「半身浴を実践しよう」と思いました。その後、みなさんに紹介すると、あっという間に数人がこの半身浴を実践されています。

その方法は、朝起きたらすぐに「三十分」の半身浴。仕事中は「湯たんぽ」に足を乗せて作業。夜は厚めの靴下を履いて寝る。そんなことから始めました。

さて何がどう変化したか？　痩せ型のため体重や体型には大きな変化はありません。始めて間もなく、夜、腰が痛くて眠れない日が何日か続きました。もともと腰痛持ちで、周期的に整形外科に行っていました。ところがその後痛みも取れて、デスクワークの仕事中も気にならなくなりました。次は血圧です。この二～三年前頃から、血圧の最高が一三〇を超える日が月の半分くらいありました。ところが十月は、一三〇を超えたのがわずか五日です。血圧には効果があると思います。知り合いの人も血圧が下がったと言われていました。あとは、うんこちゃん（あえて〝ちゃん〟をつけました。大便のことです）が、どかっと・すかっと、出るようになりました。この半身浴の最大の目的は「体温をあげる」ことです。

日頃、体温の低い私にとっては最高の健康法です。

こうして、二〇一四年七月三日から始めて二〇一八年七月十四日までの四年間続けました。お陰様で、半身浴を始めて、風邪をひいたり熱を出したりなど、病院に行くことがなくなりました。

(二) NPO法人活動

二〇一〇年六月八日、十三名の仲間と「百歳、生涯現役」を目標に、NPO法人ライフステーション一〇〇を設立しました。講演会、映画観賞会、農園での野菜栽培、男の手料理教室、ウォーキング等々の活動を行なっています。

そんな中、二〇一一年三月に東日本大震災がありました。これは大変な災害と感じ、NPO法人で何か協力できることはないかと考えていました。すると、陸前高田市の認定NPO法人桜ライン三一一が、「津波の到達点に、十メートル間隔で一万七千本の桜を植える」活動をすることを知りました。

二〇一三年三月二日の植樹会に初めて参加。その後毎年参加して、二〇一九年十一月十六日の植樹会まで、九回参加しました。

当時のわが社のニュースレター「しいのみ」より

※二〇一四年十二月号

楽しかった！　三回目の桜の植樹

十一月十四日～十六日の三日間、岩手県陸前高田市へ桜の植樹に行ってきました。十五日(土)の植樹には各地から百三十名が集まりました。当日、一関のホテルを出る時は雨、そして途中の峠では雪が降っていました。いざ植樹の時は良いお天気に恵まれました。

今回行った所は、第一回目に植樹をした村上さん宅で、鹿に食べられたため植え替えをしました。

まずは我々にお昼の食事を準備して頂きました。食後は植樹。

植樹が終わった後は仮設住宅を訪問しました。昨年十一月に植樹に行って、村上さんに普門寺をご案内頂きました。その帰り道に車の中から仮設住宅が見えました。その時に「二年半以上も経ってまだ仮設住宅の生活を…」「自分自身何のお役にも立っていないなあ」という思いをし、次回は仮設住宅を訪問しようと考えました。ただの訪問ではダメと思い、会員の渡邉賢明さんから「南京玉すだれ」を教えて頂き、特訓を重ねたうえで訪問しました。滝の里工業団地仮設住宅という所に、村上さんの紹介で訪問しました。

渡邉さんは正装をし、我々は初心者マークを付けたTシャツで頑張りました。これが何とカ

ーテンコールが沸き起こり、二度も演技をしました。終わった後に『久しぶりに大声で笑いました』と皆さんから言って頂きました。訪問した甲斐があったと感じています。

※二〇二一年六月号

桜の植樹だけでなく、認定ＮＰＯ法人桜ライン三一一への寄付も行なうことにしました。会員のみならず、未会員の皆さんのご協力をいただきました。

七年間にわたり、二百九十二万円余、六百九十三名のご協力でした。

十一年間活動してきましたが、コロナ禍の影響で、活動に支障をきたす様になりました。そこで、二〇二一年五月をもって解散することといたしました。

事業年度		金額（円）	寄付者数（名）
5 期	2014/6 ～ 2015/5	526,029	124
6 期	2015/6 ～ 2016/5	470,556	111
7 期	2016/6 ～ 2017/5	397,079	110
8 期	2017/6 ～ 2018/5	428,639	112
9 期	2018/6 ～ 2019/5	382,000	86
10 期	2019/6 ～ 2020/5	250,000	58
11 期	2020/6 ～ 2021/5	471,000	92
合　計		2,925,303	693

理事長として、いろいろ大変なこともありましたが、今となっては楽しい思い出だけです。会員の皆様をはじめ、多くの方々との出会いに感謝しています。

(三) 両親への感謝

(一)両親宛のハガキ

倫理法人会に入会している時に、自分の誕生日には、両親に感謝のハガキを書きませんか？と言われ、当時、母はすでになく、父は介護施設にお世話になっていました。今までそのようなハガキを書いたことはありませんでした。何か気恥ずかしくなったことを覚えています。思い切って書いてみることにしました。その後、父の誕生日や年賀ハガキなどを書きました。すると、父は大いに喜んで「毎日とは言わないから、時々はハガキを」と言いました。すると、今度は、「読まれている」と思うと、何を書いて良いか迷ってしまい、年に数通しか書くことができませんでした。

そんな時、夫を亡くし、小さな子供との生活になり、どうしたらいいか悩んでいた時に、ご自宅に、御主人あてに手紙を書きませんかと勧められた、若いお母さんお話を聞きました。

その話を聞き、もう両親とも亡くなっているので「読まれている」という気持ちもなくなっていたので、毎日書くことにしました。

㈡当時のわが社のニュースレター「人生の種銭」より

※二〇一八年十二月号

先月二十六日で七十歳となりました。杜甫の『曲江詩』中に「人生七十古来希なり」昔は今のように医療の発達もないし、食べるものも栄養が不足していたと考えられているので、健康面では今よりずっと低く、人間の寿命は五十歳くらいであったといわれ、人生を七十歳まで生きることは稀だと…

このはがきは、両親宛に毎日書いているはがきです。このはがきも千七百七十二通となりました。当初の目標の五千通の三分の一が経過しました。

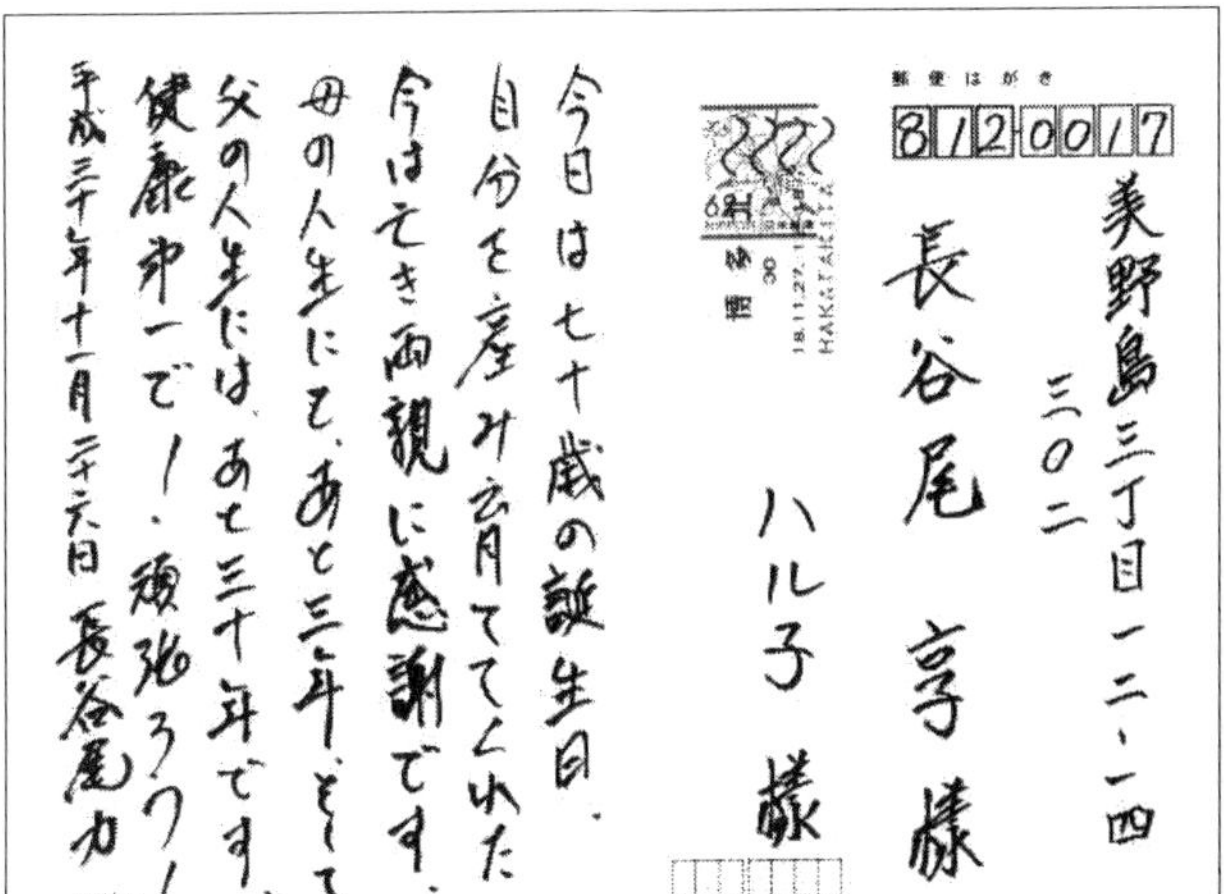

郵便はがき
812-0017
美野島三丁目一二・一四
三〇二
長谷尾亨 様
ハル子 様

今日は七十歳の誕生日。
自分を産み育ててくれた
今は亡き両親に感謝です。
母の人生にも、あと三年、そして
父の人生には、あと三十年です。
健康第一で！頑張ろう！
平成三十年十一月二十六日 長谷尾力
1772

母は早く亡くなった様な気がしていましたが、母の人生までまだ三年ありました。父は九十九才歳まであと二週間というところで亡くなりました。父に勝るものは何もなく、せめて長生きと思っていますが、百歳まで生きなければなりません。

人生百歳時代の今は、実年齢に「八掛け」で良いのではないでしょうか。

七十×八割＝五十六歳。こんな気持ちと体力で頑張ります。


㊂そして、二〇二二年四月七日に、三千通となりました。

ハガキを書いている時は、「ありがとう」の感謝と、両親の顔を思い浮かべながら、…


両親への感謝には、このハガキの外に、毎月のお寺参りをしています。

両親の命日と、その他の月は、母の月命日にお参りしています。

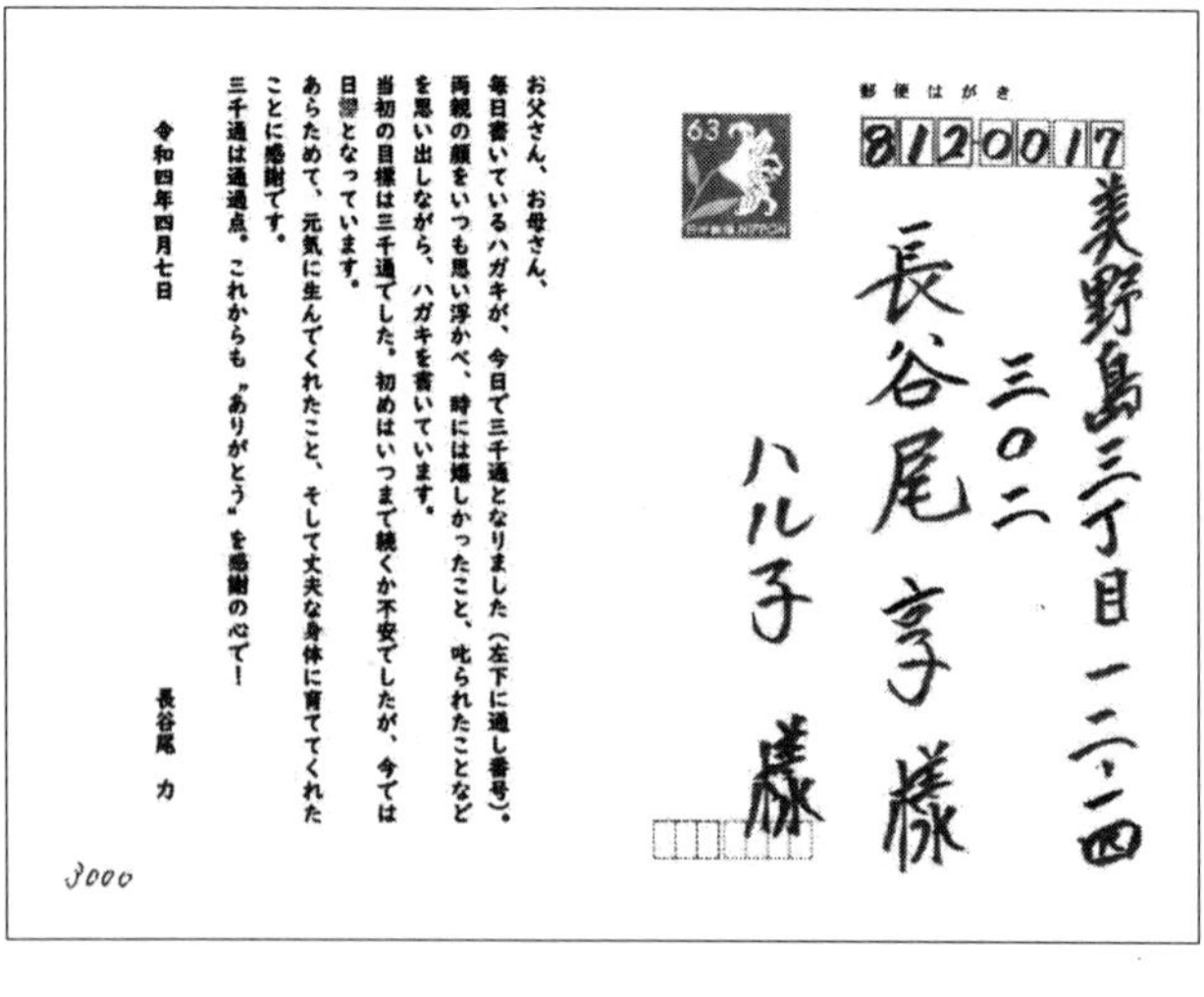
郵便はがき
63
8120017
美野島三丁目一－二－四
三〇二
長谷尾 享 様
ハル子 様

お父さん、お母さん、
毎日書いているハガキが、今日で三千通となりました（左下に通し番号）。

両親の顔をいつも思い浮かべ、時には嬉しかったこと、叱られたことなどを思い出しながら、ハガキを書いています。

当初の目標は三千通でした。初めはいつまで続くか不安でしたが、今では日課となっています。

あらためて、元気に生んでくれたこと、そして丈夫な身体に育ててくれたことに感謝です。

三千通は通過点。これからも〝ありがとう〟を感謝の心で！

令和四年四月七日
長谷尾 力

3000

㊃新聞配達

二〇一三年二月から、事務所を出発し住吉神社経由で一時間ほどの散歩を始めました。「健康のために足腰を鍛えよう」という思いです。雨風の強い日は当然⁉　の如くお休みです。ところが時々、土曜日曜祭日などは、「まあ今日はいいか」とズル休みもあります。七十才の誕生日を迎える二〇一八年十一月頃になると、「このままではダメだ。もう少し強制力のあることをやって、百歳まで元気に頑張ろう」という思いになってきました。では何をやるか？　その条件まずは健康。次は、今の仕事に影響を与えないこと、つまり昼間ではだめ。この二つです。

そこで思ったのが、コンビニのバイトと新聞配達です。コンビニは強盗があったり自動車が突っ込んだりの不安があります。新聞配達は、配達エリアを自分の責任でやればそれでＯＫということです。そこで、新聞配達をすることにしました。

七十歳になって間もない、二〇一九年一月十四日から、「新聞少年」ならぬ「新聞老人」の始まりです。まずは、バイクに乗るのもいつ以来か分かりません。恐る恐る運転。その次は、配達の順路を覚えること。そして、配達先と新聞名を間違えずに、ということから始まりました。朝二時三十分に起床。三時に自宅を出て、新聞店で新聞を積み込み出発です。五時半ころ新聞店に帰ってきます。おおむね六時前には帰宅です。

面談の時「新聞休刊日以外のお休みはありませんよ」と言われ、ほとんどお休みなしで働きました。でも時には、仕事やＮＰＯ法人の活動での桜の植樹などの出張などはお休みをいただきました。

なぜ新聞配達なのか？　と言うと、まずは「健康」です。とにかく丈夫な足腰があれば、いつまでも元気で、仕事や余暇に楽しく有意義に過ごすことができると思っています。

もう一つは、自分自身が会社を立ち上げようととしていた時に、ある雑誌に、「ベンチャー企業を立ち上げたばかりの社長が紹介されていました。その社長は、企業の立ち上げ前に新聞配達をしていたそうです。そして、会社設立後も、初心を忘れないために、新聞配達を続けている。」という話を思い出したことも一因です。

こんなこともありました。配達から一年後の二〇二〇十一月、十二月ころ、何かと配達間違い等が続き、これは痴呆症の症状かな？　とちょっと心配をしました。多分、ちょっと慣れもあり集中力の不足だったのでしょう。また、二〇二一年一月八日は大雪。道路はツルツルに凍結。二度も転倒をして、積み荷はバラバラ、でもケガをすることもありませんでした。とにかく、報酬は二の次で、健康のために、事故やケガに注意しながら、今も頑張っています。

⑤ありがとう

「ありがとうの反対は何でしょう？」と聞かれたことがありました。「？？？」今まで考えたこともありませんでした。

「ありがとう」は漢字で書くと「有難う」。「有難（ありがた）し」という意味だ。あることがむずかしい、まれである。めったにない事にめぐりあう。すなわち、奇跡ということだ。奇跡の反対は、「当然」とか「当たり前」。答えは「あたりまえ」です。

我々は、毎日起こる出来事を、当たり前だと思って過ごしている。毎朝目覚めるのが、あたりまえ。生きているのが、あたりまえ。太陽が毎朝昇るのが、あたりまえ。

でもそういった「あたりまえ」は当たり前ではありません。一つひとつが「有難し」すなわち「ありがとう」ではないでしょうか。

そんな思いがあって、時折は「ありがとう」の言葉を言っていました。でも、新聞配達を機に、配達先の集合ポストや玄関ドアに新聞を入れる時、一軒一軒に「ありがとう」をいい続けています。約二百二十軒の配達ですので、一年で「八万回のありがとう」になります。一方で、日覚めた時、食事の時、お休みの時などの日常生活でも「ありがとう」です。多分、九万回は超えているでしょう。

子供のころから、通信簿に「落ち着きがありません」とよく書かれていて、父親から「落ち着いて勉強しなさい」と叱られていました。この「ありがとう」を言うようになって、ある時、「気持ちが落ち着いているな」と気づいたことがあります。

社会人となっても、焦ったり、急いだりと何かしらあって、ミスをしていました。でもこの「ありがとう」をいうようになってから、いつも「安心感」というか、「大丈夫」と思って生活ができています。不思議ですね？

三 継続のコツ

「継続は力なり」「千里の道も一歩から」「ローマは一日にして成らず」等々の言葉があります。頭で分かっていてもなかなか実行するのは難しいです。
単純明快で、無理なく継続できる方法が次の通りです。

実践したいことを一つ選ぶ
↓
そのひとつを、一日一回　実践
↓

これを、三ヶ月続ける

↓

習慣化

↓

次にもう一つ選ぶ

↓

合わせた二つを、三ヶ月続ける

↓

習慣化

↓

さらにもう一つ追加して、三つになる

↓

合わせた三つを、三ヶ月続ける

↓

習慣化

↓

さらにもう一つ追加して、四つになる
↓
合わせた四つを、三ヶ月続ける
↓
習慣化
↓
一年続けると、四つのことを実践していることになる
↓
その後も、三ヶ月ごとに、ひとつずつ追加して実践していく

三ヶ月続けるとは、「おおむね百日」実践することで、「習慣となる」とか「習慣化した」とか言われるように、無意識に実践できるようになります。

そして、チェック表「20の実践」の活用です。

・一日の終わりか、次の日の朝に「〇」「×」をつける

・忙しかったり、忘れていたりで、出来ない日もあります。そんな時は、「出来なかったから」と気落ちしたり、やめてしまったりしないで、「また明日から」という気持ち（ここが一番！）

で実践していただくことです。

こうして継続していくことによって、夢は実現します。

一朝一夕には結果は出ないということです。そのためには、毎日の実践を楽しく、そして、その結果を頭に描きながら、一日一回！

第五章 ワークシート

一 ワークシート取扱説明書

㈠ 一〇〇個の夢

まずは自分の夢や目標を思いっきり書いてください。
「無より有は生じない」ということです。
類似のものは、蛍光ペンなどでグループ化すると、より分かりやすくなります。

㈡ 三十年目標シート

見本（これは本物というかお客様の了解を得て添付しています）を参考にご記入ください。

記入手順は

まずは自分の年齢を横に、そして家族両親の名前と年齢

↓

自分のことや家族、趣味等々（一〇〇個の夢を参考に）

↓

大きな項目を「五つ」ほどに分けてみては如何でしょう

↓

三十年全部はご記入できないかもしれません。

最初の十年や、きりのいい年に何をするかを考えてみては如何でしょうか。

㈢ キャッシュフロー表

その夢や目標を達成するためには、「お金」が必要です。

そこでわが家の夢や目標・収入・支出・残高を考えます。これがキャッシュフロー表です。

①「ライフプランの作成要領」をまずは、お読み下さい。

②サンプル22歳〜45歳をごらんください。

③①の作成要領に従って、「家族」「夢や目標」「収入」「支出」を記入していきます。

そして「前期末資金残高＋当年度年間収支＝当年度資金残高」

が計算されます。

（今回は手計算ですが、ＥＸＣＥＬで作成して頂ければすぐに計算されます。四十五歳以降は、資金残高が「マイナス」となっています。これは資金が不足していることを示しています。）

④キャッシュフロー表ができましたら、三年・五年毎に見直すことも大切なことです。

⑤今はネットで簡単に作成することができます。「ライフプラン、キャッシュフロー表」と検索してください。

また、住宅ローンや教育資金についても分かります。

㈣ロジックツリーで考える

あなたが今一番実現したい夢は何ですか？

物事の全体像を階層的に把握するのに役立つツールがあります。それは、ロジック・ツリーと呼ばれ、物事の原因と結果を枝分かれしたツリーで表現する手法です。

具体的には、樹形図になります。トップボックスと呼ばれるいちばん上位のボックスからはじまって、二つから四つ程度に枝分かれしながら論理のツリーを展開していくのが特徴です。

ロジック・ツリーを作成するうえでのポイントは、
・同じ階層内のボックスは、「重複せず、もれがない」ような項目になること
・上位から下位に行くにしたがって、具体的な事柄にブレイクダウンすること
・階層内の事象が同じレベルであることです。

では、具体的な事例に当てはめて考えていきましょう。

まずは添付資料の説明書をごらんください
事例問題、があります。少しご理解頂けますでしょうか？

それではあなたのロジックツリーを作成してください
　一番左端…あなたが実現したい夢は？
　　←
　そのための課題は何ですか？（主なもの三つ）
　　←
　課題克服のために何をすべきか？（主なもの三つ）

計画を成し遂げるために実行すべきこと（主なもの三つ）
←
一番最後（右端）を毎日実践
←

㈤ **週間予定表**

手帳やアプリで上手に毎日行動されていると思います。

これは私用で、予定が入ったら順次記入していきます。

当日の朝、スケジュールを確認。空白の箇所に今日の仕事を追加していきます。

例えば、社内業務とすると、この仕事は、「何時間あれば終わる」と予定が立ち、その後の仕事を入れていきます。

お客さんをはじめ人との約束を守り、仕事が予定通りに行ったたかが確認できます。

㈥「**20の実践**」

一日の終わりか、次の日の朝に「○」「×」をつけます
忙しくて出来ない日もあります。また、つい忘れた時もあります。

そんな時は「また明日から」という気持ちで！

継続のコツの「習慣化」で書きました。

まずは、一つ記入し、三ヶ月続ける。

そして四か月目、ひとつ追加して、あわせて二つを三ヶ月続ける。

さらに七か月目、さらにもう一つ追加して、あわせて三つを継続する。

実践する事が増えていくと、実践したか確認のために、このチェックシートは活躍します。

二 一〇〇個の夢

100個の夢

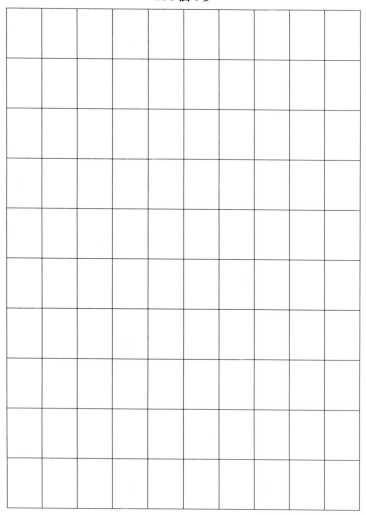

			☆結婚20周年										☆結婚30周年 ☆子供が自立化					
-	40百万円		-	-	-	-	-	-	-	-	→		50百万円				30百万円	→
-	-	-	→	300百万円		-	-	-	-	-	-	-	-	-	-	→	500百万円	
													（最長100歳まで生きるとして、 40年×12百万円／年の貯蓄が欲しい）					
l)																		
	◎教育分野のオーソリティ																	
12年後	13年後	14年後	15年後	16年後	17年後	18年後	19年後	20年後	21年後	22年後	23年後	24年後	25年後	26年後	27年後	28年後	29年後	30年後
22	23	24	25	26	27	28	29	30	31	32	33	34	35	36	37	38	39	40
42歳	43歳	44歳	45歳	46歳	47歳	48歳	49歳	50歳	51歳	52歳	53歳	54歳	55歳	56歳	57歳	58歳	59歳	60歳
42歳	43歳	44歳	45歳	46歳	47歳	48歳	49歳	50歳	51歳	52歳	53歳	54歳	55歳	56歳	57歳	58歳	59歳	60歳
12歳	13歳	14歳	15歳	16歳	17歳	18歳	19歳	20歳	21歳	22歳	23歳	24歳	25歳	26歳	27歳	28歳	29歳	30歳
10歳	11歳	12歳	13歳	14歳	15歳	16歳	17歳	18歳	19歳	20歳	21歳	22歳	23歳	24歳	25歳	26歳	27歳	28歳
71歳	72歳	73歳	74歳	75歳	76歳	77歳	78歳	79歳	80歳	81歳	82歳	83歳	84歳	85歳	86歳	87歳	88歳	89歳
64歳	65歳	66歳	67歳	68歳	69歳	70歳	71歳	72歳	73歳	74歳	75歳	76歳	77歳	78歳	79歳	80歳	81歳	82歳
76歳	77歳	78歳	79歳	80歳	81歳	82歳	83歳	84歳	85歳	86歳	87歳	88歳	89歳	90歳	91歳	92歳	93歳	94歳
75歳	76歳	77歳	78歳	79歳	80歳	81歳	82歳	83歳	84歳	85歳	86歳	87歳	88歳	89歳	90歳	91歳	92歳	93歳

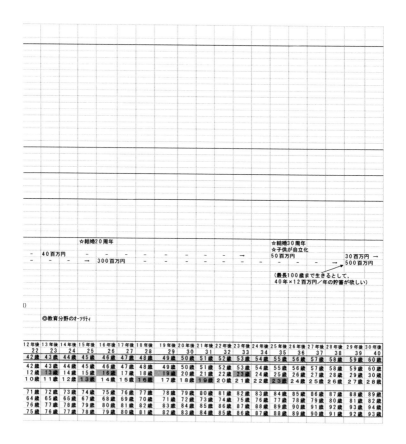

三 三〇年目標スケジュール　見本と原本

３０年目標スケジュール

A社	ｺﾝｻﾙ関与	＊＊社	＊＊社	＊＊社	＊＊社	＊＊社	＊＊社	＊＊社	＊＊社	＊＊社	＊＊社		
	ｾﾐﾅｰ等	ｾﾐﾅｰ ﾎﾃﾙ開催	講演会 1000人	講演会 2000人									
	ＶＰｾﾐﾅｰ	３回開催	３回開催	３回開催									
	執筆	3冊出版	4冊出版	5冊出版	6冊出版	7冊出版	8冊出版	9冊出版	10冊出版				
	自費出版本	5千人	２万人										
	ﾒﾙﾏｶﾞ登録	1万人突破	3万人突破	４万人突破	５万人突破	－	－	－	－	→			
	有料ﾒﾙﾏｶﾞ		1千人突破	2千人突破	3千人突破	－	－	－	－	→			
	交流会	年4回	年２回 豪華に！	－ －	１０周年！ －								
新規事業	＊＊講師		補助講師	補助講師	ﾁｰﾌ講師	ﾁｰﾌ講師							
	新ｻｰﾋﾞｽ		開始	拡大 （会員制ｻｰﾋﾞｽのｽﾀｰﾄ）	ﾌﾟﾛｸﾞﾗﾑ化	ｺﾐｭﾆﾃｨ化							
新会社設立			1社設立	－	－	－	→						
				2社参画	－	－	－	－	－	→			
B社		＊＊＊の 開発	＊＊＊の 拡大	＊＊＊の ﾌﾟﾛｸﾞﾗﾑ化	＊＊＊の ｺﾐｭﾆﾃｨ化	対外戦略 の強化	後継者へ 引継開始	ﾉｳﾊｳ継承	代表の 継承	会長として 講演活動	→		
				＊＊大学 への指導	→	学校のｶﾘ ｷｭﾗﾑ指導	→	授業に 定着化		執筆活動	→		
自分・家族						☆結婚10周年							
不労所得			5百万円	10百万円	→	20百万円	→	30百万円	－	－	－	－	
貯蓄目標		20百万円	50百万円	80百万円	100百万円	100百万円	140百万円	160百万円	180百万円	190百万円	200百万円		
趣味	映画	月1本の映画ﾚﾎﾟｰﾄ		－	－	－	→	☆映画から学ぶﾋﾞｼﾞﾈｽ講座ｽﾀｰﾄ					
	少林寺拳法	月1回必達	月2回必達	－	－	－	－	－	－	－	－	→	
	ﾌｨｯﾄﾈｽ	ｴｱﾛﾋﾞ週1	－	－	－	－	－	－	－	－	→		
		☆自宅ｵﾌｨｽ の移転・拡張						☆１ヶ月の長期 休暇を恒例化			☆自宅オフィス 建設（100百万円		
ﾎﾟｼﾞｼｮﾆﾝｸﾞ			◎CF経営のｵｰｿﾘﾃｨ		◎ｺﾐｭﾆﾃｨづくりの達人						◎人の育成に注力		
		●急成長の時期			●資産形成（貯蓄＆資産づくり）								
経過年数		1年後	2年後	3年後	4年後	5年後	6年後	7年後	8年後	9年後	10年後	11年後	1
西暦		2011	12	13	14	15	16	17	18	19	20	21	
年齢		31歳	32歳	33歳	34歳	35歳	36歳	37歳	38歳	39歳	40歳	41歳	
家族	妻	31歳	32歳	33歳	34歳	35歳	36歳	37歳	38歳	39歳	40歳	41歳	
	子（１人目）	1歳	2歳	3歳	4歳	5歳	6歳	7歳	8歳	9歳	10歳	11歳	
	子（2人目）			1歳	2歳	3歳	4歳	5歳	6歳	7歳	8歳	9歳	
	犬	5歳	6歳	7歳	8歳	9歳	10歳	11歳	12歳	13歳	14歳	15歳	
親	父	60歳	61歳	62歳	63歳	64歳	65歳	66歳	67歳	68歳	69歳	70歳	
	母	53歳	54歳	55歳	56歳	57歳	58歳	59歳	60歳	61歳	62歳	63歳	
	義父	65歳	66歳	67歳	68歳	69歳	70歳	71歳	72歳	73歳	74歳	75歳	
	義母	64歳	65歳	66歳	67歳	68歳	69歳	70歳	71歳	72歳	73歳	74歳	

３０年目標スケジュール

経過年数		1年後	2年後	3年後	4年後	5年後	6年後	7年後	8年後	9年後	10年後
西暦		2019	2020	2021	2022	2023	2024	2025	2026	2027	2028
年齢											
家族											
[illegible]											

経過年数	11年後	12年後	13年後	14年後	15年後	16年後	17年後	18年後	19年後	20年後
西暦	2029	2030	2031	2032	2033	2034	2035	2036	2037	2038
年齢										
家族										
[illegible]										

経過年数	21年後	22年後	23年後	24年後	25年後	26年後	27年後	28年後	29年後	30年後
西暦	2039	2040	2041	2042	2043	2044	2045	2046	2047	2048
年齢										
家族										
[illegible]										

四 キャッシュフロー表　見本と原本

キャッシュフロー表

〈ライフプランの作成要領〉

項目		内容
西暦		２０１８年からスタート
家族	名前・年令	年末時点の満年令
	予定行事	新車購入・買替え、結婚、長女・長男誕生、幼稚園入園、小中高等学校・
	（夢や目標）	大学入学、住宅購入、住宅リフォーム、長女・長男大学卒業、就職、海外・
		国内家族旅行、定年退職、再就職、長女・長男結婚、銀婚式、金婚式、等
収入	本人の給与・賞与	可処分所得＝額面－（社会保険料＋所得税＋住民税、等）
	その他の定期的収入	利子・配当、事業収入（家賃・駐車場の収入）等の定期的収入
	配偶者の収入	可処分所得
	一時収入	退職一時金、一時的な利子・配当・譲渡収入
	年金	公的・企業・個人年金
支出	基本生活費	食料、住居、光熱・水道、家具・家事用品、被服・履物、交通・通信、
		保険医療、その他（諸雑費・交際費・仕送り金・使途不明）
	教育費	授業料、教材費、入学金
	教養・娯楽	家族旅行、趣味、カルチャーセンター、スポーツクラブ、子供のお稽古・月謝類
	税金	自動車税、固定資産税、退職金にかかる税金、相続税、贈与税
	保険料（掛け金）	生命保険、損害保険、自動車保険（任意保険）
		（定年退職後は社会保険料を自分で支払う）
	一時支出	上記の家族欄の予定行事に関わる費用
	住宅ローン	元利合計返済額
	その他のローン	同上
年間収支		収入－支出
資金合計残高		前年末資金合計残高＋当年度年間収支
（資金合計残高の内訳）		
普通預貯金残高		普通預金、郵便貯金
その他金融資産残高		定期預金、有価証券

入)～45才

2030	2031	2032	2033	2034	2035	2036	2037	2038	2039	2040	2041	2042	2043
32	33	34	35	36	37	38	39	40	41	42	43	44	45
29	30	31	32	33	34	35	36	37	38	39	40	41	42
3	4	5	6	7	8	9	10	11	12	13	14	15	16
1	2	3	4	5	6	7	8	9	10	11	12	13	14
長男誕生	長女幼稚園入園		長女小学校入学、長男幼稚園入園	新車買替え	長男小学校入学			マンション購入	長女中学校入学		長男中学校入学	長女私立高校入学	新車買替え
500	510	520	530	540	550	560	570	600	610	620	630	640	650
							100	100	100	100	100	100	100
500	510	520	530	540	550	560	670	700	710	720	730	740	750
350	350	350	350	350	350	350	350	350	370	370	370	370	370
	30	30	60	60	60	60	60	60	80	80	100	150	150
50	60	60	60	60	70	70	70	70	80	80	80	60	60
5	5	5	5	5	5	5	5	20	20	20	20	20	20
40	40	40	40	40	40	40	40	40	40	40	40	40	40
50	5		10	150	5			400	5		5	20	150
								150	150	150	150	150	150
495	490	485	525	665	530	525	525	1090	745	740	765	810	940
5	20	35	5	−125	20	35	145	−390	−35	−20	−35	−70	−190
600	620	655	660	535	555	590	735	345	310	290	255	185	−5
財形貯蓄年利3%)													

族宿泊旅行

契約）は

払込満了

〈支出の特記事項〉

保険料（掛金	自動車保険（任意保険）　10万円
住宅購入	40才でマンション購入3000万円、頭金300万円、他に購入時の費用として登録免許税・抵当権の設定登記料、不動産取得税、引越費用等で100万円
住宅ローン	残金2700万円は70で返済、年利平均4%、返済は元利均等方式・毎月13万円・年間約150万円

1. キャッシュフロー表 単位 :万円)　22才 入社)～28才 結婚)～40才 住宅購入

		2020	2021	2022	2023	2024	2025	2026	2027	2028	2029
	西暦	2020	2021	2022	2023	2024	2025	2026	2027	2028	2029
家族	年令 本人	22	23	24	25	26	27	28	29	30	31
	配偶者							25	26	27	28
	第一子 女)									1	2
	第二子 男)										
	予定行事 夢や目標) 費用は支出欄の一時支出に記入		新車購入					結婚	新車買替え	長女誕生	
収入	本人の給与 賞与	300	320	330	360	380	400	430	440	470	480
	その他の定期的収入										
	配偶者の収入										
	一時収入										
	収入合計	300	320	330	360	380	400	430	440	470	480
支出	基本生活費	150	150	150	150	150	150	250	250	300	300
	教育費										
	教養 娯楽	30	30	50	50	50	50	50	50	50	50
	税金		5	5	5	5	5	5	5	5	5
	保険料 掛け金)		10	10	10	10	10	40	40	40	40
	一時支出		200					200	150	50	
	住宅ローン										
	その他のローン										
	支出合計	180	395	215	215	215	215	545	495	445	395
年間収支 収入−支出)		120	−75	115	145	165	185	−115	−55	25	85
資金合計残高		120	45	160	305	470	655	540	485	510	595
(資金合計残高の内訳)											
普通預貯金残高											
その他金融資産残高										(運用は住宅	

<支出の特記事項>

教育費 (入学金は一時支出)	公立幼稚園30万円、公立小学校30万円、公立中学校50万円、 長女私立高校100万円、長男公立高校50万円
教養・娯楽	長女が小学校に入学してから中学卒業まで夏休みと春休みに家族 家族スポーツクラブ会員、子供のお稽古・塾
税金	自動車税5万円、マンションの固定資産税10万円
保険料	・生命保険　　結婚時に加入、掛金30万円、終身保険金額（主契 死亡時2000万円、入院の場合は5日目から一日5000円　、65才で

1. キャッシュフロー表 単位 :万円)　(　)歳 ～ (　)歳

	西暦																								
家族	年令 本人																								
	年令 配偶者																								
	年令 第一子 女)																								
	年令 第二子 男)																								
	予定行事 夢や目標) 費用は支出欄の一時支出に記入																								
収入	本人の給与 ·賞与																								
	その他の定期的収入																								
	配偶者の収入																								
	一時収入																								
	収入合計	0	0	0	0	0	0	0	0	0	0	0	0	0	0	0	0	0	0	0	0	0	0	0	0
支出	基本生活費																								
	教育費																								
	教養 娯楽																								
	税金																								
	保険料 掛け金)																								
	一時支出																								
	住宅ローン																								
	その他のローン																								
	支出合計	0	0	0	0	0	0	0	0	0	0	0	0	0	0	0	0	0	0	0	0	0	0	0	0
年間収支 収入-支出)		0	0	0	0	0	0	0	0	0	0	0	0	0	0	0	0	0	0	0	0	0	0	0	0
資金合計残高		0	0	0	0	0	0	0	0	0	0	0	0	0	0	0	0	0	0	0	0	0	0	0	0
(資金合計残高の内訳)																									
普通預貯金残高																									
その他金融資産残高																									

〈支出の特記事項〉

〈支出の特記事項〉

五 一　ロジックツリーの事例
二　ロジックツリー　夢シート

ロジックツリー　見本

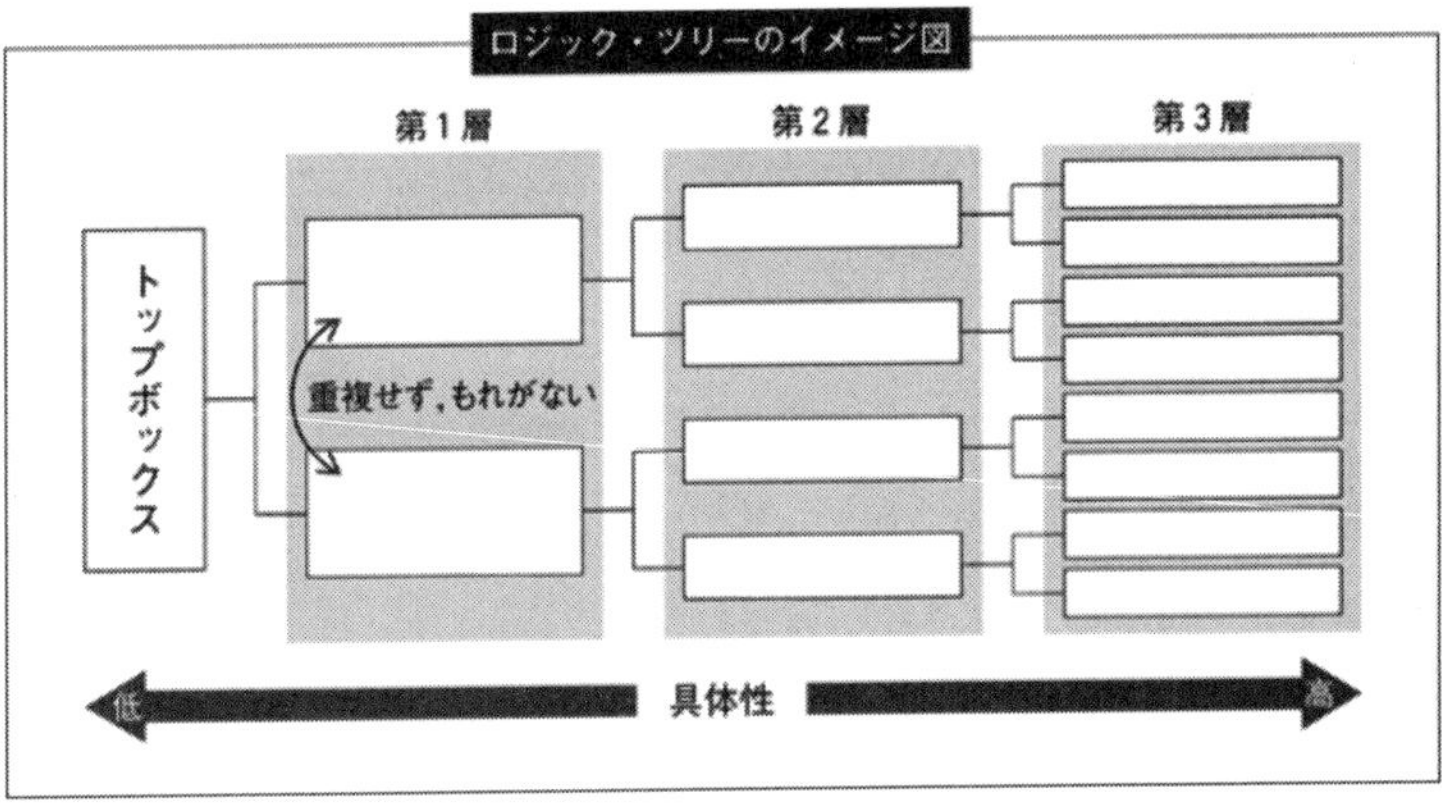

例1：売上を上げるには

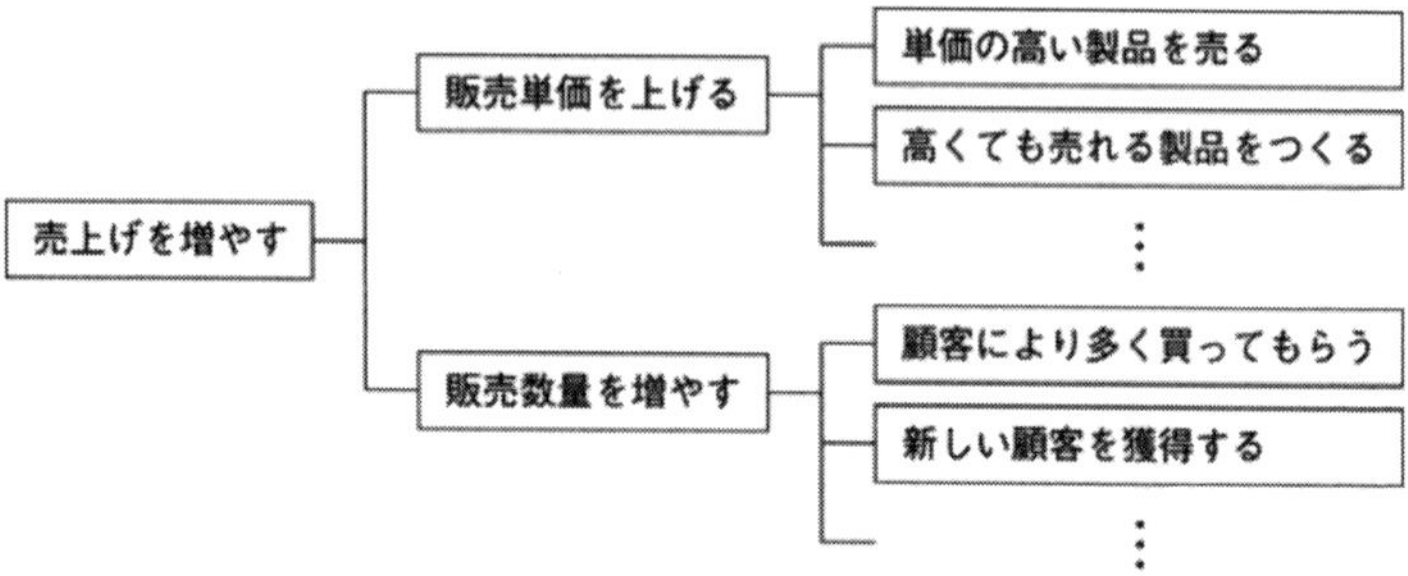

例2：「英会話をマスターする」には

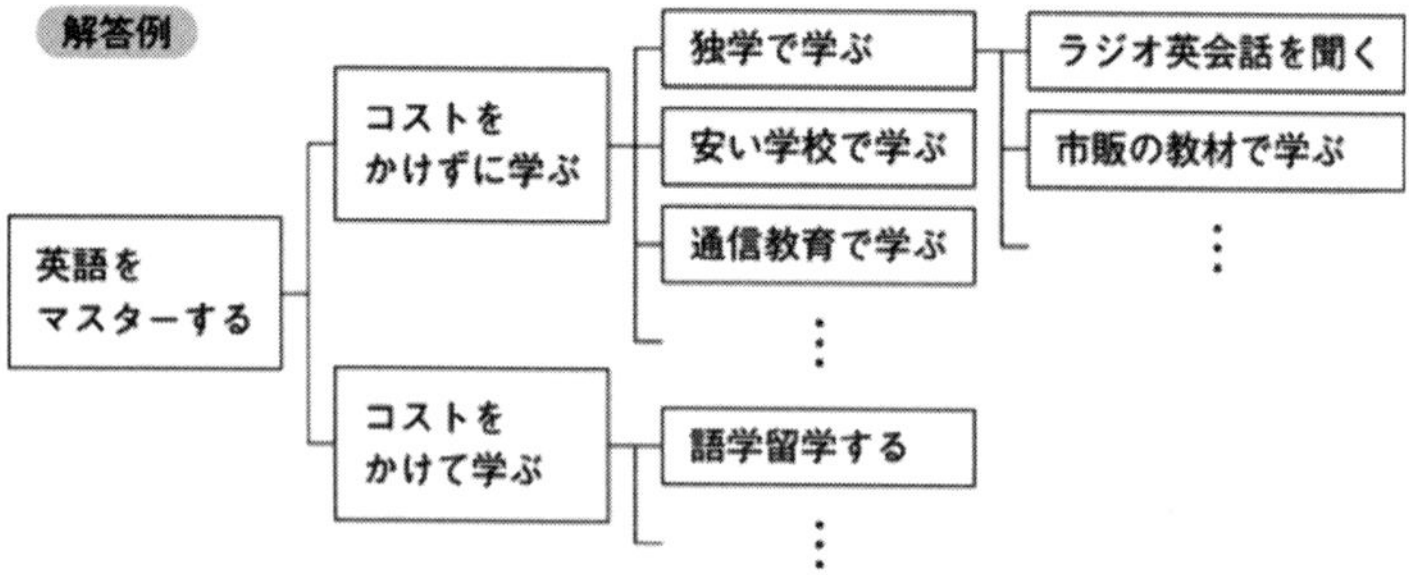

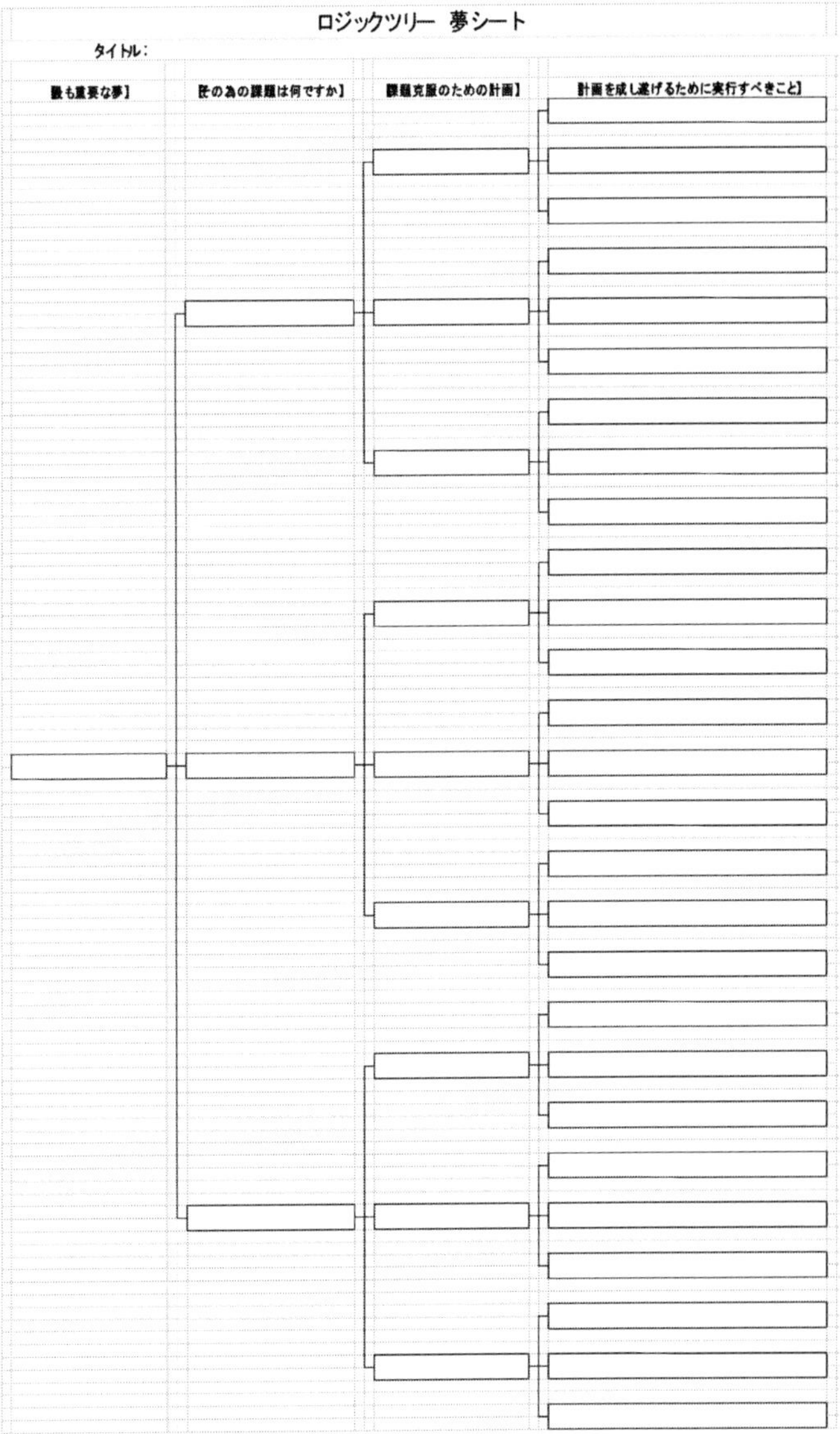
ロジックツリー　夢シート
タイトル：
【最も重要な夢】
【その為の課題は何ですか】
【課題克服のための計画】
【計画を成し遂げるために実行すべきこと】

六 週間予定表

週間予定表

	月	火	水	木	金	土
5：00						
6：00						
7：00						
8：00						
9：00						
10：00						
11：00						
12：00						
13：00						
14：00						
15：00						
16：00						
17：00						
18：00						
19：00						
備考						

七 二十の実践

【20の実践】の内容を具体的に簡潔にまとめる。　○・×で評価する。　※ 毎日必ず記入する。

20の実践

自分の夢　年　月　日 時　分	年　月　日までに　達成するぞ〜！

《20の実践》 毎日チェックリスト　（28年12月 1 日 ～ 12月31日）　氏名　　　　）

20の実践 要約）	1	2	3	4	5	6	7	8	9	10	11	12	13	14	15	16	17	18	19	20	21	22	23	24	25	26	27	28	29	30	31	予定回数	実施回数	実施率%）
	木	金	土	日	月	火	水	木	金	土	日	月	火	水	木	金	土	日	月	火	水	木	金	土	日	月	火	水	木	金	土			

あとがき

江戸時代、参勤交代で往来していた長崎街道というのがあります。この長崎街道の中で、福岡県筑紫野市山家と福岡県飯塚市内野にまたがる冷水峠《ひやみずとうげ》の道は、九州の箱根ともいわれ、前後約十キロの区間は長崎街道最大の難所でした。そんな山あいに育った私は、小学校、中学校、高校、大学そして社会人となるにつれ、段々と人と接する機会が増えるたびに、「後ろ向き」「他人依存型」「心配性」と、ネガティブな性格となっていきます。

ＦＰの仕事を始め、金次郎や方谷、そして静六を学んでいくうちに、ネガティブな性格も少しずつ克服していきました。静六の「一日一頁の執筆の行」も三年半続け、本を書こうという気持ちにさせていただきました。また、「百歳、生涯現役」を目標に、ＮＰＯ法人ライフステーション一〇〇を設立し、理事長となって活動してきましたが、自分自身の欠点は「実践力の弱さ」です。どうすれば実践できるか？　悩めるところです。

ＦＰの仕事の中で気づいたのが、今回の本に書きました「金次郎・方谷・静六」三人の実践力です。

『お客様の数だけ、夢や目標があります。

まずは一人のお客様の目標達成の笑顔。

そして、百人、千人。

目標は一万人のお客様の自己実現のお手伝いです。』


これがFP長谷尾のミッションです。

今までに何人のお客さまに〝自己実現〟のお手伝いができたでしょう?

お客様と一対一やご夫婦での対面、あるいは航空自衛隊のように一度に三十人、五十人での研修等々。

人生設計つくりは、夢や目標実現のためのスタートです。ここがゴールではありません。

一度しかない人生です。

「ありがとう」の感謝の心で、明るく、楽しく、前向きに、一歩一歩の日々の努力です。


この書籍でお伝えしたかったことは、渋沢栄一「第七訓」です。

夢なき者は理想なし
理想なき者は信念なし
信念なき者は計画なし
計画なき者は実行（実践）なし
実行（実践）なき者は成果なし
成果なき者は幸福なし
ゆえに幸福を求むる者は夢なかるべからず

渋沢栄一「第七訓」より

注：（　）内は、著者記入

最後にこの出版にあたりお世話になりました日本橋出版㈱の大島拓哉社長に心よりお礼を申し上げます。

“ワークシート原本”無料プレゼント
本の中のワークシートは小さくなり過ぎました。
ワークシート作成の方は下記へお申し込みください
haseo@terra.dti.ne.jp

長谷尾力（はせお・ちから）
昭和23年（1948）11月26日生まれ
福岡大学商学部商学科卒業
製薬会社、建設会社、公認会計士事務所等を経て現在は、有限会社フックト～ン（代表取締役）でFP業務に従事。
Mail：haseo@terra.dti.ne.jp
URL：https://fp-haseo.com/

中小企業の経営者と社員とその家族を幸せにするためにFP業務をやっています。

今までに、福岡市内の中小企業の経営者や社員に、セミナーや人生設計つくり、キリンビール（福岡支店、甘木工場、熊本支店）のセミナーや人生設計つくり、航空自衛隊、築城基地や新田原基地で入隊3年目の隊員に対する2日間の研修　等々。

人生設計と二宮金次郎、山田方谷、本多静六の実践

2023年1月11日　第1刷発行

著　者――――長谷尾力
発　行――――日本橋出版
〒103-0023　東京都中央区日本橋本町2-3-15
https://nihonbashi-pub.co.jp/
電話／03-6273-2638
発　売――――星雲社（共同出版社・流通責任出版社）
〒112-0005　東京都文京区水道1-3-30
電話／03-3868-3275

ISBN 978-4-434-31199-4